餐饮企业
绩效与薪酬管理

—— 全流程演练 ——

杨光瑶◎编著

RESTAURANT

中国铁道出版社有限公司
CHINA RAILWAY PUBLISHING HOUSE CO., LTD.

内 容 简 介

本书通过重要的理论知识，结合大量的实际案例并运用了直观的表格、图示，向读者详尽地介绍了针对餐饮企业绩效管理和薪酬管理的基础知识、制度设计和管理工作等。全书共10章，第1～4章为第一部分，向读者介绍了餐饮企业绩效管理的相关知识，包括绩效管理基础知识、绩效管理流程介绍、绩效考核实施与后期测评以及绩效指标设置；第5～8章为第二部分，向读者介绍了餐饮企业薪酬管理的重要内容，包括薪酬管理入门知识、薪酬体系建立与设计、薪酬体系控制与改善以及员工管理；第9～10章为第三部分，向读者介绍了激励制度和福利设计的相关知识。

本书适合各类餐饮企业的中高层管理者、各部门主管以及相关人事行政从业者阅读，另外也可作为餐饮企业相关人员的培训教材。

图书在版编目（CIP）数据

餐饮企业绩效与薪酬管理全流程演练/杨光瑶编著.—北京：中国铁道出版社有限公司，2020.6

ISBN 978-7-113-26620-2

Ⅰ.①餐… Ⅱ.①杨… Ⅲ.①饮食业－企业绩效－企业管理－研究 ②饮食业－企业管理－工资管理－研究Ⅳ.①F719.3

中国版本图书馆CIP数据核字（2020）第023008号

书	名：餐饮企业绩效与薪酬管理全流程演练
	CANYIN QIYE JIXIAO YU XINCHOU GUANLI QUANLIUCHENG YANLIAN
作 者：杨光瑶	

责任编辑：王 佩　张文静	读者热线电话：010-63560056
责任印制：赵星辰	封面设计：宿 萌

出版发行：中国铁道出版社有限公司（100054，北京市西城区右安门西街8号）

印 刷：北京柏力行彩印有限公司

版 次：2020年6月第1版　2020年6月第1次印刷

开 本：700mm×1000mm　1/16　印张：18　字数：225千

书 号：ISBN 978-7-113-26620-2

定 价：55.00元

前言
FOREWORD

俗话说"民以食为天",现在社会经济不断发展,人们也越来越追求高品质的餐饮享受,这给餐饮行业带来很多机会。不过餐饮企业要想不断发展壮大,仅仅依靠市场是不行的,还需要企业自身的管理,尤其是对员工薪酬和绩效的管理,这对于餐饮企业的管理者来说是非常不易的。

餐饮企业的绩效管理和薪酬管理是相辅相成的,绩效管理要考虑多方面的因素,首先要分析组织设计,然后分析组织目标,再运用各种绩效管理办法制订绩效计划,实施绩效考核。

而薪酬管理是绩效管理的终极目的,也是企业人力资源管理体系中的重要组成部分,管理者要做好薪酬管理首先要对薪酬管理的制度和模式有一定了解,然后根据岗位分析确定薪酬标准,对薪酬体系进行设计。管理者设计好薪酬体系后,还要进行日常的薪酬管理,比如薪酬预算、薪酬支付和薪酬调整工作等。

无论哪一个方面的管理都是非常复杂的工程,为了帮助餐饮企业管理者快速掌握绩效与薪酬管理的实操流程,我们编写了本书,从不同的角度全方位地介绍相关工作的内容。

本书共包括 10 章内容，具体章节的内容如下所示。

◎ 第一部分：第 1 ~ 4 章

　　该部分主要讲述餐饮企业绩效管理的相关知识，主要包括绩效管理基础知识、绩效管理流程介绍、绩效考核实施与后期测评及绩效指标设置。

◎ 第二部分：第 5 ~ 8 章

　　该部分主要介绍餐饮企业薪酬管理的重要内容，包括薪酬管理入门知识、薪酬体系建立与设计、薪酬体系控制与改善以及员工管理，按照薪酬管理的流程顺序向读者介绍相关知识。

◎ 第三部分：第 9 ~ 10 章

　　该部分内容是对薪酬管理的补充，主要从激励制度和福利设计方面来完善公司的薪酬管理，包括激励的基本模式、股权激励、员工福利的构成和办理。

　　本书注重餐饮管理工作的顺序，一步步向读者介绍需要掌握的管理知识，让读者在学习的过程中能够一边梳理一边巩固，并通过一些同行业的例子向读者说明相关管理的制度和模式。同时，本书在语言上力求通俗易懂，简单精练，大量使用图示和表格以便读者阅读。

　　由于编者经验有限，加之时间仓促，书中难免会有疏漏和不足之处，恳请专家和读者不吝赐教。

编　者

2019 年 10 月

　　为方便读者学习，可扫描下方二维码或输入网址 https://pan.baidu.com/s/1HHxI4hB32oFogHwkspb-LA 获取本书配套表单文件。

目录
CONTENTS

第1章 餐饮企业绩效管理基础必备

现在，越来越多的企业开始重视绩效管理，其具备的科学性和有效性让企业管理者都为之惊叹。但是绩效管理工作千头万绪，该从何处入手呢？餐饮企业的绩效管理又该注意些什么呢？本章将从这些基础部分开始了解餐饮企业绩效管理的知识。

1.1 绩效管理的基础——组织设计 /2

1.1.1 组织设计的基本内容 /2

1.1.2 组织设计的步骤 /5

1.1.3 什么是绩效管理 /6

1.1.4 分解绩效目标 /7

1.2 设置餐饮企业绩效管理机构 /9

1.2.1 设置绩效考核组织 /10

1.2.2 设置绩效管理组织 /11

1.3 餐饮企业部门设置与职责 /12

1.3.1 餐饮企业楼面部门职责 /13

1.3.2 餐饮企业厨政部门职责 /16

1.3.3 餐饮企业采购部门职责 /19

1.3.4 餐饮企业财务部门职责 /22

1.4　关键岗位设置和职责说明书　/23

1.4.1 绩效管理基本工具：关键岗位说明书 /24

1.4.2 总经理岗位说明书 /26

1.4.3 直营店长岗位说明书 /28

1.4.4 宴会厅领班岗位说明书 /29

1.4.5 招聘经理岗位说明书 /31

1.5　绩效管理方法　/33

1.5.1 目标管理法 /33

1.5.2 360 度考核法 /35

1.5.3 KPI 考核法 /38

1.5.4 平衡计分卡 /40

1.5.5 评价中心法 /42

1.6　绩效管理需要掌握的技巧　/45

1.6.1 绩效管理中的误区 /45

1.6.2 绩效考核与薪酬管理要有效结合 /47

第 2 章　餐饮企业绩效管理流程梳理

很多餐饮企业想要通过绩效管理提升公司的工作效率，以便获得业绩的大丰收。但是，绩效管理复杂的流程却让新手管理者头疼了，所以在进行绩效管理之前一定要对其流程进行梳理。

2.1　制订绩效计划　/50

2.1.1 绩效计划的定义及内容 /50

2.1.2 如何制订绩效计划 /51

2.2 开展绩效管理培训 /54

2.2.1 开展绩效管理培训的目的 /54

2.2.2 绩效管理培训的内容 /55

2.3 进行绩效辅导 /57

2.3.1 开展绩效沟通 /57

2.3.2 数据收集形成记录 /59

2.4 绩效管理流程常用表单 /61

表单 季度计划表 /61

表单 员工绩效考核申诉表 /61

表单 绩效目标计划表 /62

表单 员工工作态度考核表 /62

第3章 餐饮企业绩效考核实施与后期测评

绩效考核是绩效管理中非常重要的一个环节，如何实施绩效考核是很多公司的一大难题。其实，只要掌握了绩效考核实施的流程，所有问题都是迎刃而解的。另外，在实施绩效考核后，相应的绩效反馈和改进也是必不可少的，这直接关系着绩效考核的最终效果。

3.1 怎样实施绩效考核 /64

3.1.1 餐饮企业绩效考核实施流程 /64

3.1.2 确定考核内容 /66

3.1.3 确定绩效考核者 /68

3.1.4 确定考核时间周期 /70

3.1.5 收集考核信息 /72

　　3.1.6　绩效考核结果应用　/74

3.2　绩效考核的反馈与改进　/76

　　3.2.1　如何进行绩效反馈与面谈　/76

　　3.2.2　绩效考核改进的步骤和方法　/79

　　3.2.3　制订绩效改进计划　/81

　　3.2.4　实施绩效改进计划的要点　/83

3.3　绩效管理的常见规定与表单　/85

　　表单 酒水员绩效考核表　/85

　　表单 总经理绩效考核表　/85

　　表单 中层管理人员综合能力评分表　/85

　　表单 基层员工工作态度考核表　/85

　　模板 采购部绩效考核办法　/86

　　模板 厨房绩效考核评分办法　/86

　　模板 培训部绩效考核试行办法　/87

　　模板 财务部考核管理办法　/87

　　模板 营销部绩效考核办法　/88

第4章　利用指标做好餐饮企业的绩效考核

　　餐饮企业为客人提供的是食品、酒水及供餐服务，看似内容简单方便管理。但提供的菜品是否可口卫生，服务人员的态度是否端正，都很难考核，所以需要设置一定的指标来帮助管理者实施考核。

4.1　绩效指标的设置　/90

　　4.1.1　餐饮企业关键绩效指标设置流程　/90

　　4.1.2　如何设置绩效考核指标　/92

4.1.3 设置绩效指标的常见问题 /95

4.2 KPI 的应用与设计方法 /97

4.2.1 KPI 的工作应用 /97

4.2.2 KPI 的设定方法 /99

4.3 关键绩效指标考核表 /102

表单 餐饮部经理关键绩效考核指标表 /102

表单 办公室主任关键绩效考核指标表 /102

表单 后勤管理关键绩效考核指标表 /102

表单 秘书关键绩效考核指标表 /102

表单 洗碗工关键绩效考核指标表 /103

表单 采购部关键绩效考核指标表 /103

表单 餐厅领班关键绩效考核指标表 /103

表单 厨师长关键绩效考核指标表 /103

表单 人力资源部经理关键绩效考核指标表 /104

表单 档案管理关键绩效考核指标表 /104

表单 薪酬管理关键绩效考核指标表 /104

表单 厨师长月关键绩效考核指标表 /104

第5章 餐饮企业薪酬管理快速入门

在餐饮企业管理中，新手管理者不仅要考虑员工的工资结构、岗位等级工资，还要考虑员工对薪酬管理制度的认可程度等。

5.1 薪酬 /106

5.1.1 薪酬的含义和构成 /106

5.1.2 薪酬的作用和支付依据 /110

5.1.3 薪酬水平的决定因素 /111

5.2 薪酬管理 /113

5.2.1 薪酬管理及其目标 /114

5.2.2 薪酬管理的具体工作 /115

5.2.3 薪酬管理中应避免的问题 /117

5.2.4 薪酬管理职位及任职要求 /118

5.2.5 餐饮企业薪酬主要内容 /121

5.2.6 自助式薪酬管理 /125

5.3 薪酬设计的五种模式 /127

5.3.1 职务工资制 /127

5.3.2 职能工资制 /128

5.3.3 绩效工资制 /131

5.3.4 市场工资制 /133

5.3.5 年功序列工资制 /135

5.4 薪酬模式 /136

5.4.1 结构工资制 /136

5.4.2 岗位等级工资制 /139

5.4.3 岗位技能工资制 /141

5.4.4 岗位薪点工资制 /145

5.4.5 岗位绩效工资制 /147

5.4.6 技术等级工资制 /149

第6章 餐饮企业薪酬体系建立与设计

现在的餐饮企业市场上，同行业的公司越来越多，竞争也越来越大，要想吸引更多的人才，挖掘员工的潜能，就要建立科学的薪酬体系。薪酬体系作为企业管理的重要组成部分，能够提高员工的积极性和主动性，使效率最大化，满足企业不断发展的目标。

6.1 岗位分析：薪酬体系建立的前提 /156

6.1.1 岗位分析 /156

6.1.2 职位体系说明 /158

6.1.3 设计职位体系 /160

6.2 岗位评估：薪酬分配的基础 /162

6.2.1 岗位价值评估 /162

6.2.2 岗位评估的方法 /163

6.2.3 如何设计岗位价值模型 /168

6.2.4 岗位价值评估员工问卷 /170

6.3 薪酬调查：薪酬设计的决策依据 /173

6.3.1 薪酬调查的内容与目的 /174

6.3.2 薪酬调查问卷与表格 /175

6.3.3 薪酬调查的应用 /179

6.4 薪酬结构的模式与设计 /180

6.4.1 薪酬结构模式 /180

6.4.2 薪酬结构设计 /183

6.5 薪酬方案设计 /185

6.5.1 建立薪酬浮动幅度 /186

6.5.2 薪酬方案设计范本 /188

6.6 管理层薪酬体系设计 /191

6.6.1 高层管理人员薪酬体系设计 /191

6.6.2 中层管理人员薪酬体系设计 /193

6.7 薪酬管理常用制度与表单 /195

表单 工资标准表 /195

表单 企业薪酬调查表 /195

模板 企业薪酬管理制度 /195

模板 餐饮企业奖金制度 /196

第7章 餐饮企业薪酬体系控制与改善

在现代化发展的今天，如何通过科学的薪酬体系留住人才是所有企业管理者共同思考的一个问题。这就需要薪酬体系在建立以后，还要进行不断的完善和改进才能适应企业的发展变化，长久地留住人才。

7.1 餐饮企业薪酬控制 /198

7.1.1 薪酬预算 /198

7.1.2 薪酬的计算方式 /202

7.1.3 人工成本控制 /204

7.1.4 调查员工薪酬满意度 /206

7.2 企业调薪怎么做 /210

7.2.1 年度调薪 /210

7.2.2 升等调薪和晋升调薪 /213

7.2.3 试用期满调薪 /215

7.3 薪酬体系常用制度与表单 /217

表单 薪资调整通知单 /217

表单 工资登记表 /217

模板 员工转正、晋升、降级、调薪管理制度 /217

模板 员工调薪管理办法 /218

第8章 做好员工管理是薪酬核算的保障

为了维持和保证餐饮企业的正常运营，管理者需要做好员工管理，包括员工异动管理和员工考勤管理。同时，为了引起员工重视、还应将薪酬与员工管理挂钩。

8.1 餐饮企业员工异动管理 /220

8.1.1 员工晋升 /220

8.1.2 员工降职审核权限 /223

8.1.3 辞退员工 /224

8.2 餐饮企业考勤管理 /226

8.2.1 考勤管理前的准备工作 /226

8.2.2 餐饮企业员工考勤管理流程 /227

8.2.3 考勤管理人员要注意哪些问题 /229

8.2.4 考勤管理中的疑难问题 /230

8.2.5 提高处理考勤的工作效率 /232

8.2.6 制定考勤管理制度 /234

8.3 员工管理常用制度与表单 /235

表单 员工未打卡情况登记表 /235

表单 月度考勤统计表 /235

模板 员工考勤打卡管理制度 /236

第9章 用激励制度完善薪酬体系

如果一个企业内员工的工作热情不高，势必会影响企业的正常发展。企业管理者应该通过一系列的激励手段，例如高弹性的薪酬模式，对员工进行薪酬激励，提高员工的工作积极性。

9.1 激励的基本模式 /238

9.1.1 设定工作目标 /238

9.1.2 进行充分授权 /239

9.2 长期激励的设计 /241

9.2.1 股权激励的十种形式 /241

9.2.2 股权激励设计的关键因素 /243

9.2.3 股权激励的操作流程 /246

9.2.4 股权激励合同中的注意事项 /248

9.3 股权激励的应用 /250

9.3.1 限制性股票应用 /250

9.3.2 虚拟股票应用 /252

9.4 餐饮企业员工激励常用制度 /253

模板 餐饮企业激励员工绩效考核奖惩制度 /253

模板 分店员工奖惩制度细则 /254

第10章 餐饮企业员工的福利设计

福利可以看作是员工的间接报酬，现在很多餐饮企业都会将福利管理作为薪酬管理的一部分，不仅能激励员工，还能帮助企业树立良好的社会形象。

10.1　员工福利的构成　/256

10.1.1　法定社会保险　/256

10.1.2　带薪节假日与假期　/258

10.2　员工福利的类型　/259

10.2.1　健康福利计划　/259

10.2.2　补充住房计划　/260

10.2.3　教育培训计划　/261

10.2.4　弹性福利计划　/263

10.3　员工福利的办理　/265

10.3.1　餐饮企业员工福利管理流程　/265

10.3.2　办理社会保险登记　/268

10.3.3　福利的设计　/269

10.3　员工福利常用制度与表单　/270

表单 员工福利金申请表　/270

表单 员工进修补助申请表　/270

模板 餐饮员工福利制度　/271

餐饮企业绩效管理基础必备

现在，越来越多的企业开始重视绩效管理，其具备的科学性和有效性让企业管理者都为之惊叹。但是绩效管理工作千头万绪，该从何处入手呢？餐饮企业的绩效管理又该注意些什么呢？本章将从这些基础部分开始了解餐饮企业绩效管理的知识。

绩效管理的基础——组织设计

组织设计是一项系统的工作，它主要是对企业的组织结构进行整体设计，通过组织设计可对企业员工进行有效管理。组织设计是一项较为复杂的工作，所以如果没有出现较大的结构问题，企业一般不会重新进行组织结构设计。

随着餐饮企业的不断发展，很多餐饮企业已逐步发展成为连锁企业，所以非常重视优化内部的组织结构和人才管理，以便在之后的行业竞争中取得优势。

1.1.1 组织设计的基本内容

企业组织结构是确定企业各部门、各层级与人员之间相互关系的结构，餐饮企业的组织设计会因规模大小不同而有所区别。其基本内容大致包括以下 3 个方面。

◆ 职务分析与设计

在进行餐饮组织结构设计时，首先要根据餐饮经营的宗旨、未来发展及环境的限制，自上而下确定所需部门、职位和相应的权责，即职务分析，基本内容如表 1-1 所示。

表 1-1　职务分析的基本内容

要点	内容
职务	从职务性质、职务内容以及职务权责入手，整理出胜任该职务所需的知识水平和技术能力，并对工作条件和环境予以说明
员工	对上岗员工的基本素质、技术水平、工作能力及工作态度等进行说明

根据上述表格，设计人员在职务分析前首先要解决"6W1H"问题，如图 1-1 所示。

图 1-1

◆　层级设计

企业的组织结构设计包括纵向和横向两个方面。横向设计即部门设计；纵向结构设计即层级设计，设置从企业最高层级到最低层级的等级数量。具体内容如图 1-2 所示。

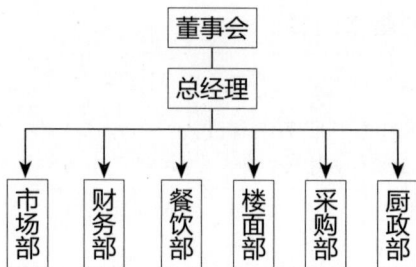

图 1-2

图 1-2 展示了 3 级层级结构可以看出，层级设计主要是在职务设计与部门划分的基础上，通过现有的企业人力资源，对职务设计进行调整，同时划分管理层级并规定相应的职责及权限。

◆ 部门设计

为了有效的分工，企业根据人数、职能、服务、顾客、地区等类别进行划分，将个人职务人员聚集在"部门"这一基本管理单位内，进行部门设计其实就是完成以下两个工作。

①确定企业有哪些部门。

②使部门之间相互联系，形成一个系统的整体。

餐饮企业常见的部门组织设计图如图 1-3 所示。

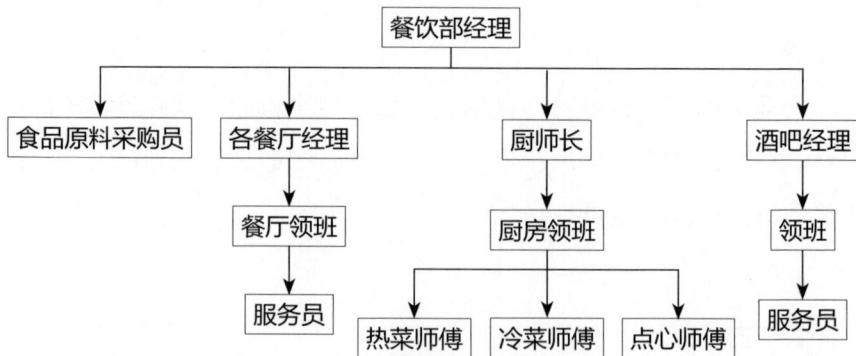

图 1-3

1.1.2　组织设计步骤

餐饮企业的组织设计是一个系统工程，越是大规模的餐饮企业，其组织设计越复杂。想要在总体上进行把控，就需要计划设计步骤，一般来说可分为如下 8 个步骤。

确立组织目标。首先收集、整理、分析相关资料，然后据此确定组织目标。

分配工作。将企业内的各项工作统一管理，按目标一致和效率至上的原则划分特点，确定工作范围、工作量和工作人数，进行相关的工作分配。

设置组织框架。根据组织设计的特点，确定企业内的层级和部门结构，形成一个整体的组织管理框架。

确定岗位职责。需要对各层级、各部门员工岗位的岗位职责、权限和任职条件等进行规定。一般可用岗位说明书等文件形式表达。

设计组织的运作方式。设计组织的运作包括多方面的内容，所有关于各部门联系方式、各部门管理制度的设计等内容都需要设计方法。

安排员工。按工作目标、岗位要求和职能技能来分配工作，安排适合的员工。

调整组织结构。通过前面的工序组织结构基本形成，但还需要对其进行审核确定、修改调整，最后正式完成组织结构设计，并颁布实施。

后期的组织结构完善。虽然组织结构设计正式使用，但由于企业的运营和内外部环境会不断变化，所以要求管理者不断调整、完善。

根据以上步骤，简单设计某餐饮企业的组织结构，其流程如图 1-4 所示。

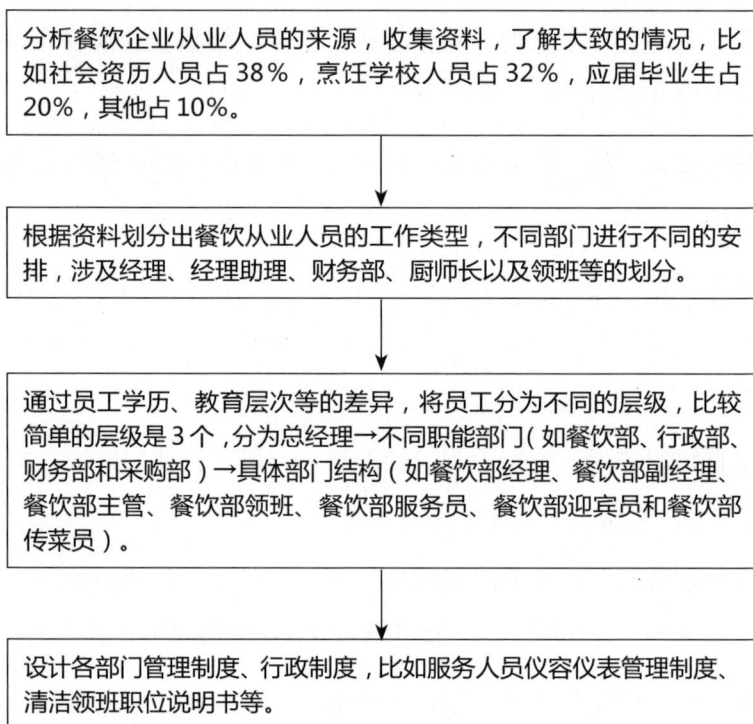

分析餐饮企业从业人员的来源，收集资料，了解大致的情况，比如社会资历人员占 38%，烹饪学校人员占 32%，应届毕业生占 20%，其他占 10%。

根据资料划分出餐饮从业人员的工作类型，不同部门进行不同的安排，涉及经理、经理助理、财务部、厨师长以及领班等的划分。

通过员工学历、教育层次等的差异，将员工分为不同的层级，比较简单的层级是 3 个，分为总经理→不同职能部门（如餐饮部、行政部、财务部和采购部）→具体部门结构（如餐饮部经理、餐饮部副经理、餐饮部主管、餐饮部领班、餐饮部服务员、餐饮部迎宾员和餐饮部传菜员）。

设计各部门管理制度、行政制度，比如服务人员仪容仪表管理制度、清洁领班职位说明书等。

图 1-4

1.1.3 什么是绩效管理

绩效是指对应职位的工作职责所达到的阶段性结果及其过程中可评价的行为表现，是员工表现最直观的形式。

所谓绩效管理，是指各级管理者和员工为了达到组织目标共同参与的绩效计划制定、绩效辅导沟通、绩效考核评价、绩效结果应用以及绩效目标提升的持续循环过程，绩效管理的目的是持续提升个人、部门和组织的绩效。

餐饮企业要进行绩效管理首先要明白以下几个要点。

①企业与员工的目标要一致，以及对如何达到目标也要达成共识。

②绩效管理更强调沟通、辅导和提高员工能力。

③绩效管理重视结果，也重视达成目标的过程。

所以管理者在设计绩效管理前要问问自己以下几个问题。

◆　如何确定有效的目标？

◆　如何使目标在管理者与员工之间达成共识？

◆　如何引导员工朝着正确的目标发展？

◆　如何对实现目标的过程进行监控？

◆　如何对实现的业绩进行评价和对目标业绩进行改进？

绩效管理过程是一个循环的过程，即管理人员和员工就企业的工作目标、工作分配不断沟通、调整的管理过程，如图 1-5 所示。所以绩效管理是动态的，是不断改进的。

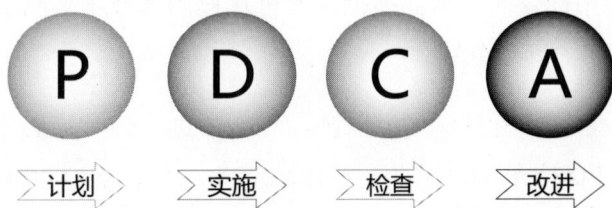

图 1-5

1.1.4　分解绩效目标

绩效目标是指给评估者和被评估者提供所需要的评价标准，以便客观地讨论、监督和衡量绩效。员工的绩效目标是绩效管理的基础。

企业制订绩效目标应遵从 5 个原则，如表 1-2 所示。

表 1-2　衡量目标的 SMART 原则

原则	具体解释
目标具体（Specific）	目标不能太宏大，要具有可操作性，即明确做什么，达到什么结果
目标可衡量（Measurable）	绩效目标一定要可衡量，用一些具体的数据和结果细化表示，太抽象的目标没有办法考核实际情况
目标可达到（Attainable）	绩效目标不能假、大、空，如果设计的目标根本不能达成，员工会丧失工作积极性，所以一定要通过员工的努力可以达到
目标相互关联（Relevant）	企业目标应保持一致性，员工目标、部门目标等相互关联，体现层层分解的特性
时间性（Time-based）	目标都是有时间性的，只有在一定的时间限制内，才能衡量员工的具体绩效

以上是衡量目标的 SMART 原则，只有符合上述原则的目标才是一个有效的目标。根据此原则，我们可以知道绩效目标是需要分解的，比如说餐厅每月业绩指标，可分解为酒水业绩指标、甜品业绩指标和招牌菜业绩指标，而酒水业绩指标又可从调酒师技术、酒水供应商以及营业时长等方面做分解。

一般而言，目标分解可以以部门和职位进行分类开展分析，各部门负责人的目标指标都不一样，餐饮部负责人的参考目标指标如表 1-3 所示。

表 1-3　餐饮部负责人的参考目标

岗位	分解目标	目标细化
餐饮部经理	餐厅接单率	餐厅预订准确率
		账单月结率

续表

岗位	分解目标	目标细化
餐饮部经理	合格员工比例	员工出勤率
		员工培训
		员工餐满意度
	卫生检查合格率	环境卫生合格率
		餐具消毒合格率
		食品卫生检查合格率
	部门合作度	部门各类投诉次数
		部门联谊次数
	卫生执行度	卫生检查执行
		厨房清理
		卫生制度的执行情况

1.2 设置餐饮企业绩效管理机构

在设计好企业内部的组织结构后，就可以根据部门结构制定绩效管理计划，以便对各部门员工进行管理。

绩效管理与绩效考核不能混为一谈，绩效管理的设定是为了进行绩效考核，但又不仅仅是为了绩效考核。所以企业内部可以设置不同的组织来负责这两项内容。

1.2.1 设置绩效考核组织

企业要对员工进行绩效考核,设置组织层级和岗位职责就够了吗?当然不是,这仅仅是一个开始,企业想要根据相关管理制度对员工进行考核,就需要设置专门的组织或人员来进行。根据餐饮企业的规模大小不同,绩效考核组织的组建也有所不同。

一般稍微大型的餐饮企业会组建公司绩效考核委员会,中型的餐饮企业可能会设置绩效考核小组,而小型的餐饮企业可能会直接让人力资源部来做绩效考核,或是直接进行部门考核。

在设置绩效考核组织之前,对于该部门机构的职责首先要有一定的了解,如图 1-6 所示。

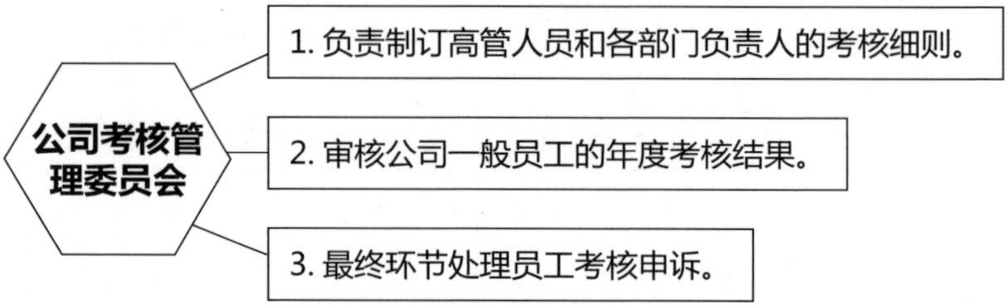

公司考核管理委员会

1. 负责制订高管人员和各部门负责人的考核细则。

2. 审核公司一般员工的年度考核结果。

3. 最终环节处理员工考核申诉。

图 1-6

从考核组织的职责内容来看,绩效考核的工作内容可大致概括为考核细则的制定、绩效结果的整理和考核申诉的处理这 3 方面,但管理的人员会有所差别。组织结构可分为主管、副主管以及成员 3 个层次,其工作内容如图 1-7 所示。

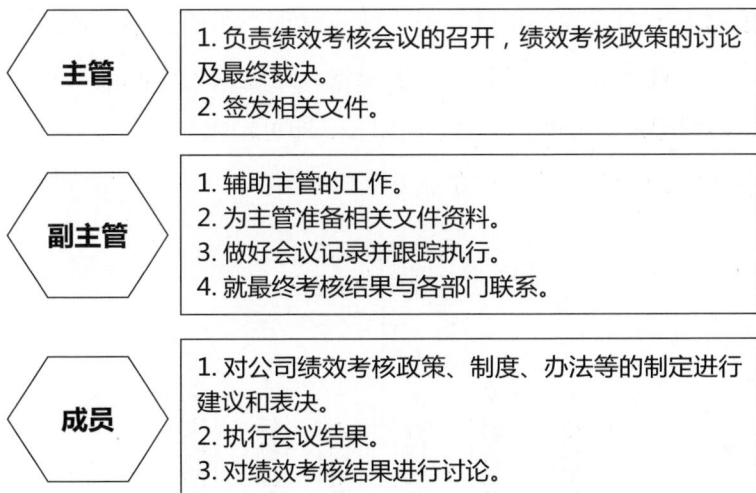

主管	1. 负责绩效考核会议的召开，绩效考核政策的讨论及最终裁决。 2. 签发相关文件。
副主管	1. 辅助主管的工作。 2. 为主管准备相关文件资料。 3. 做好会议记录并跟踪执行。 4. 就最终考核结果与各部门联系。
成员	1. 对公司绩效考核政策、制度、办法等的制定进行建议和表决。 2. 执行会议结果。 3. 对绩效考核结果进行讨论。

图 1-7

1.2.2　设置绩效管理组织

绩效管理工作包括绩效计划制定、绩效辅导沟通、绩效考核评价、绩效结果应用、绩效目标提升，这是一个持续循环的过程。

所以绩效管理组织的工作就是协调相关部门的工作，由于绩效管理工作的这种特性，企业内一般不单独设置绩效管理组织，而是由各部门管理人员直接进行绩效管理工作，人力资源部门只作协调管理工作。绩效管理的发出者应该是各层级管理人员，不过管理人员作为企业员工之一，既是考核者也是被考核者。

不过有的企业也会成立绩效管理小组，主要工作如下所示。

◆ 负责制定部门主管和高层管理人员 KPI。

◆ 组织目标跟踪及年底绩效考核。

◆ 向绩效考核管理委员会提交绩效考核结果。

◆ 对中高层管理人员进行年度绩效评价，包括对部门主管进行年度满意度评价。

根据上述内容我们可以知道，绩效管理小组成员不是普通员工，多为企业管理人员或者部门。一般来说，通过人力资源部将各部门管理人员组织起来，再设立一个小组组长，即可构成一个绩效管理小组。图 1-8 所示为某企业绩效管理小组组织机构。

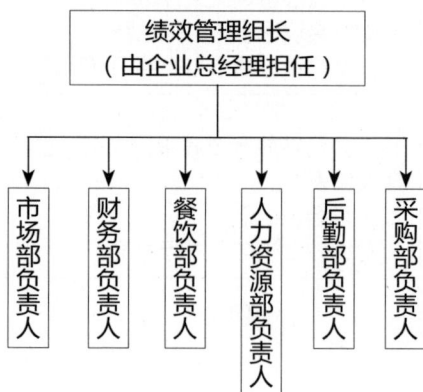

图 1-8

绩效管理小组办公室通常设在人力资源部，便于管理工作的进行。

1.3 餐饮企业部门设置与职责

要对企业进行绩效管理，除了设置好企业的不同部门以外，还需对企业的部门目标有所规定。一般来说，部门目标与部门岗位职责紧密相连，通过岗位主要职责可确定该部门的总目标，提供绩效考核的标准。一般来说，餐饮企业的主要部门有楼面部、厨政部、采购部以及财务部。

1.3.1　餐饮企业楼面部门职责

很多餐饮企业或是商场都会设置楼面部，以保证对顾客服务的质量，基于此该部门是一个具有服务性质的部门。楼面部的主要职位有楼面部经理、楼面部领班、楼面部清洁领班、楼面部服务员和清洁工，如图 1-9 所示。

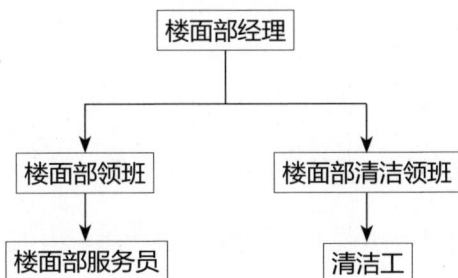

```
                    ┌──────────┐
                    │ 楼面部经理 │
                    └──────────┘
                ┌─────────┴─────────┐
        ┌──────────┐         ┌────────────┐
        │ 楼面部领班 │         │ 楼面部清洁领班 │
        └──────────┘         └────────────┘
              │                     │
        ┌───────────┐         ┌────────┐
        │ 楼面部服务员 │         │ 清洁工 │
        └───────────┘         └────────┘
```

图 1-9

楼面部经理主要负责管理指导楼面部的工作人员处理各项事务，具体职责如下所示。

◆ 负责楼面部的经营管理工作、巡视工作和安全工作。

◆ 负责制定服务标准和规章制度，保证食物的质量和本部门负责区域的卫生清洁。

◆ 根据顾客要求和季节变化，与餐饮部共同做好菜品的更换计划，控制好成本。

◆ 做好楼面各项费用的控制，降低经营成本，确保营业指标和利润指标的完成。

◆ 与人事部合作组织对楼面部员工和相关服务人员进行培训，然后对各个员工进行考核。

◆ 按时开展楼面部相关工作会议，讨论业务问题，做出相关调整，并制定计划。

◆ 制定相应的菜品推广计划，扩大订单量，增加经营收入。

◆ 做好设备设施的维护保养，确保各项设施的正常使用，以免发生事故。

◆ 与其他部门相互联系，共同做好相关工作，完成总经理或领导交代的各项工作。

楼面部领班主要负责管理指定区域的服务员，指导他们完成日常工作，具体职责如下所示。

①检查负责区域服务员的仪容仪表和礼仪姿态。

②配合服务员做好营业前的一些准备工作。

③检查本工作小组负责区域的桌、椅、餐具及其他用品的摆放位置和卫生情况，并向餐厅提出要求。

④检查菜牌有无损坏，对坏掉的要及时设法予以修理。

⑤了解负责区域的顾客订座、订菜情况，并指示服务员做好相应的准备工作。

⑥了解菜牌、酒水牌每天供应的品种，了解菜式等。

⑦认真听取或收集顾客的意见和建议，解决好顾客的投诉。

⑧指导服务员及时做好客人走后的撤台工作，将餐桌上用过的餐具收至餐具房，并重新摆台。

⑨协助楼面部经理对服务员进行培训、考核，提高服务员的素质及餐厅的服务质量。

餐饮企业楼面部负责的最重要的区域就是顾客用餐区域，该区域的卫生清洁直接影响企业的整体形象，所以楼面部清洁领班的职责是很重要的，具体内容如图1-10所示。

1. 组织清洁工召开会议，并检查、督促清洁工保持良好的仪容仪表及精神状态。

2. 督导清洁工做好楼面大厅、厅房、过道和储藏室等的清洁卫生工作，随时保持地面整洁。

3. 督导清洁工做好楼面洗手间的消毒及清洁卫生工作，保证干净、无异味。

4. 督导清洁工做好负责区域茶壶、水杯、刀叉和筷子等的洗涤工作。

图 1-10

楼面部服务员主要处理楼面部的所有琐碎工作，包括餐前准备、餐间服务和结账送客，主要工作内容如表 1-4 所示。

表 1-4　楼面部服务员的工作内容

工作流程	工作内容
餐前准备	1. 参加部门会议，整理仪容，佩戴工牌等； 2. 准备好各种餐桌备料，如糖、酱油、醋等； 3. 熟悉当天的供餐种类、数量、价格及基本介绍； 4. 检查消毒柜、餐具柜内餐具是否够用，打开消毒柜对餐具进行消毒
餐间服务	1. 微笑向客人打招呼，为客人拉椅，如有小朋友应安排儿童椅； 2. 根据人数，安排相应数量的餐具并摆好，告诉客人所有餐具已高温消毒，请放心使用； 3. 为客人倒茶、上小食、介绍酒水； 4. 征询客人是否现在点菜，主动介绍当天供应的新菜品和店内特色菜，供客人参考； 5. 客人点完菜后，再复述一遍，写清桌号，以免上错菜； 6. 上菜要报菜名，向客人介绍菜式的特点； 7. 上菜时，事先和客人打招呼，注意不要在老人、小孩和孕妇旁边上菜； 8. 如在上菜时出现客人投诉的情况，应及时通知领班来解决； 9. 客人用餐时要经常在附近巡视，以便随时为客人服务

续表

工作流程	工作内容
餐间服务	10. 点菜后半小时后应检查客人点的菜品是否上齐，如没有，应负责催单； 11. 上最后一道菜时，应告诉客人菜已出齐，请慢用
结账送客	1. 客人要求买单时，及时帮助客人进行结账； 2. 客人要求写发票时，应立即为客人开出； 3. 客人离开餐厅时，要向客人致意，同时检查有无遗留物品； 4. 客人打包时，主动帮客人送至门口； 5. 收拾、清理桌面，搞好桌面、椅子、消毒柜的卫生

清洁工主要负责相关负责区域的所有清洁工作，主要工作内容如下所示。

◆ 清洁地板，要做到地板干净无尘。

◆ 随时巡视负责区域，清扫弄脏的地方。

◆ 如发现地板上有水迹，要及时用干爽的拖把擦干，以免有人滑倒。

◆ 扫把、拖把和抹布等清洁工具要时常保持干净。

◆ 洗手间的天花板、墙壁、门窗等要做到无灰尘、无蜘蛛网。

◆ 每15分钟由专人负责清洗便池、墙壁、地板等，定时清理掉纸篓中的便纸。

1.3.2 餐饮企业厨政部门职责

对于餐饮企业来说，菜品的好坏直接决定顾客的回头率，也决定了企业经营是否能够长久，规模是否能够不断壮大。因此，厨房的各项工作必须要合理安排，并保证效率。一般来说，厨政部门的主要岗位如图 1-11 所示。

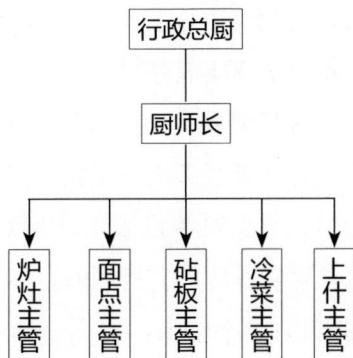

图 1-11

那么，厨政部门中各个岗位的岗位职责是什么呢？在餐饮企业的厨政部，行政总厨是管理整个部门的，企业对行政总厨提出要求，通过相关工作任务达到企业的经营目标，具体工作要求如下所示。

①管理厨房运作，保证各餐饮消费场所的需要，为客人提供优质的菜品，并做好菜品的成本计划和控制。

②组织厨师长及各厨师不断创新，改进菜品。

③加强与餐厅营业部联系，了解客人需求以及下单情况。

④随时与采购部联系，掌握食材供应情况，合理安排厨房物料，检查监督菜品质量。

⑤参加企业例会，做好厨政部的运作报告。定期开会，分派任务。

⑥制订本部门预算计划、培训计划和各岗位规章制度。

⑦分月度、季度和年度对厨师长进行绩效评估。

行政总厨管理整个厨政部，厨师长协助行政总厨进行相关管理。但厨师长更重要的还是管理厨师团队，了解每个厨师的目标，帮助实现目标，主要工作职责如下所示。

◆ 配合行政总厨做好相应管理工作和出品质量检查，并负责指挥出品现场，严格按照出菜程序上菜。

◆ 对每一个出品进行目测或试味，符合标准方可出品。

◆ 检查货源，严格遵守卫生条例，不使用腐烂变质的食材。

◆ 与餐厅保持沟通，听取顾客意见，不断改进菜品质量。

◆ 合理安排班次，调动员工工作积极性。

每个厨房都不可能只有一个厨师，较为大型的餐饮机构还分有中餐、西餐等多个不同的厨房。不同的厨房主管，主要职责也不同，如表 1-5 所示。

表 1-5　厨房主管的主要工作职责

岗位名称	工作内容
炉灶主管	1. 负责炉灶工序的日常管理工作，督导并带领炉灶厨师做好热菜的烹制工作； 2. 督导炉灶厨师按烹饪工艺烹制各种菜肴，正确控制火候，正确使用和保管各种调味品； 3. 检查菜品的质量，把不符合质量及规格的菜品退回重做； 4. 向厨师长提供烹饪调味品的申购单并负责货物验收； 5. 协助厨师长对厨师进行培训及绩效评估
面点主管	1. 督导并指导面点厨师做好面点食品的加工； 2. 按正确的方法保管面点的原料、半成品和成品； 3. 指导面点厨师正确使用、维护和保养厨具设备； 4. 检查工作区域及设备用具是否整洁、卫生； 5. 协助厨师长进行培训和绩效评估
砧板主管	1. 负责切配工序的日常管理工作； 2. 指导厨师按工艺标准做好每份菜品原料的加工切配； 3. 指导厨师正确使用和保管食品原材料； 4. 对领进的食品原材料进行验收； 5. 负责加工切配工序的质量管理和成本控制； 6. 检查厨师是否正确处理刀具，以免发生安全事故； 7. 协助厨师长对砧板厨师进行培训和绩效评估

续表

岗位名称	工作内容
冷菜主管	1. 负责冷菜房的日常管理工作； 2. 指导冷菜房厨师做好冷菜的加工制作，为客人提供品质优良的冷菜品； 3. 负责冷菜房的成本控制； 4. 向厨师长提供冷菜原料的申购单，并对领进的冷菜原料进行验收； 5. 协助厨师长对冷菜厨师进行培训和绩效评估
上什主管	1. 负责检查厨房内蒸制菜品和煲汤的质量，要达到主料、配料、火候和口味等的既定标准； 2. 保证干货的质量，做到干货涨发达标并且质地符合要求； 3. 督导厨师做好已加工或半加工的原材料保管工作； 4. 督导厨师搞好环境及菜品用具的卫生，做好盛器的洗刷保管工作； 5. 协助厨师长进行培训和绩效评估

1.3.3　餐饮企业采购部门职责

任何一个生产加工企业都离不开采购部，餐饮企业也是如此。不过餐饮企业不一样的地方在于其原材料的选购非常严格，需要按照食品卫生的要求来采购，所以在采购部任职的员工对于质量的把关一定要严格。首下面来看看餐饮企业采购部是如何设置岗位的，如图 1-12 所示。

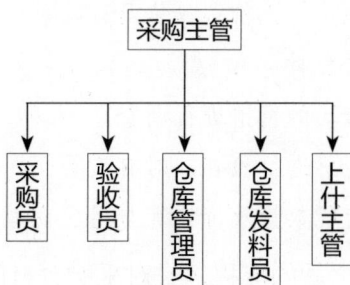

图 1-12

　　一般来说，采购部可分为采购主管和员工两个结构层次，较大型的餐饮企业可能会有采购小组。采购主管是管理整个采购部的，对他的职位要求就是对整个采购部的工作要求，如图1-13所示。

> 1. 分析企业原材料市场品质、价格等行情，在不断提升原材料品质的基础上，尽量降低采购成本。

> 2. 寻找采购市场，选择更好的原材料供应来源，对每项原材料的供货渠道进行调查。

> 3. 与供应商洽谈，进行比价、议价等谈判工作，建立供应商资料库。随时抽查库存原材料的数量与品质。

> 4. 掌握市场价格，了解市场走势，随时分析，以便控制成本。

> 5. 做好废料的处理。

> 6. 对新供应的食材进行评估，以保证食物的新鲜、优质。

> 7. 做好对旧供应商的审核工作，确保供应的稳定。

图 1-13

　　采购员主要负责采购的细节工作，日常工作内容如下所示。

◆　对已核准采购的食材进行采购。

◆　做好物料采购进度的控制。

◆　负责食材的询价、比价、议价及订购事宜，争取以最理想的价格采购到优质食材。

◆　负责对采购市场的行情进行调查。

◆　对已采购的食材进行检查，对有质量问题的食材进行处理。

◆　就交货期、交货数量及价格等与供应商做好沟通协调。

　　验收是采购工作之后的流程，是对采购食材的二次把关，所以验收员最重要的工作就是对食材质量的把控，下面来看看具体职责。

①负责对采购员采购的食材、餐具等进行验收核价，开出验收单，不接收腐烂变质食物。

②每月固定时间将验收存单交给会计核账，按要求分类。

③与餐厅和厨房紧密联系，接纳各方意见，随时改进工作。

④对重大宴会、酒会及 VIP 客人的食材要严格把关，挑选最优质的食材。

仓库管理员主要负责采购之后的后续工作，对于餐饮企业来说，食物的保存尤为重要，因为这直接关系到食物是否能食用，主要工作内容如下。

◆ 负责仓库日常管理工作。

◆ 负责每日食材明细账目的登记，分月度和季度进行汇总。

◆ 及时下达采购单，保持仓库正常的库存量。

◆ 每日清理库存，检查食材有无变质现象，并及时处理。

◆ 按规定收料，保证入库食材的数量、质量符合采购申请单要求，确保相关人员已签章。

◆ 按规定发料，凭领物单发料，核对无误后签名发货。

◆ 追踪物品采购进度。

仓库发料员主要负责食材的搬运和发放，该项工作最重要的是有序进行，一定要严格按照规章制度妥善搬运，具体内容如下。

①负责物料搬运，包括废材料的回收及保管等。

②对搬运过程中的合格品、待验品、不良品等明确区分，不能混淆搬运。

③对危险品或特殊食材的运输严格按照安全规定进行。

④对已办理领货手续的领货单进行发料，发货时严格按照先进先出的原则进行。

1.3.4 餐饮企业财务部门职责

几乎任何一个企业都有财务部，负责企业的资金管理、会计核算和成本控制，越是大规模的企业财务部的职位越多。对于小企业来说，可能连财务部都不会设置，一名会计和一名出纳就够了。对于餐饮企业来讲，常见的岗位有会计、统计、出纳和收银员，主要的工作职责如表 1-6 所示。

表 1-6 财务部门主要岗位的工作职责

岗位名称	工作内容
会计	1. 根据原始凭证制作支付证明单，审核各支付款项是否真实，以及附带单据的完整性和合法性； 2. 每月末检查会计期间所发生费用是否按权责发生制全部进行入账； 3. 编制月度报表、季度报表、资产负债明细表、损益表等； 4. 不定期抽查出纳备用金及其他备用金，做到账实相符； 5. 负责对外报税，掌握当地税务政策，按时缴纳各种税款及代扣代缴税款； 6. 负责会计凭证装订、财会资料档案管理； 7. 月末进行工资审核，计算服务人员业绩提成； 8. 负责工商、税务、财政等政府机构有关证照的年检、换证
统计	1. 审核营业收入原始单据、报表等资料，如发现错漏，及时纠正，以确保每笔款项正确无误； 2. 批核各部门申购单，制止不合理申购； 3. 做好发票、优惠券、账单等餐厅一切有价单据的登记； 4. 每日与收银员核对各项签单、挂账、会员卡消费情况，并做好登记工作； 5. 做好每月的折扣、宴请、接待等相关登记，检查营业人员是否有违规操作； 6. 审核仓库所有单据是否正确

续表

岗位名称	工作内容
出纳	1. 将每日收到的营业现金、支票和收银员收回的挂账款及时存入银行，不得挪用现金； 2. 根据每日收入资料核查收银员交纳营业款金额是否正确； 3. 合理安排采购货款的发放； 4. 准备充足的零钱，以备收银员兑换； 5. 对手续齐全的费用报销单给予报销，及时发放各项工资、电话费； 6. 登记现金日记账和银行存款日记账，做到日清月结，并及时送会计核对； 7. 月末做好与银行对账工作，填写银行余额调节表； 8. 配合做好资金盘点工作，月底做好资金对账，做到账实相符
收银员	1. 核对客人签署的账单； 2. 处理挂账单、宴请账单和员工账单，并做好登记； 3. 按规范做好信用卡收单业务； 4. 根据客人需要，按实际消费金额开具发票，并做好登记； 5. 根据收款报表核对营业款，清点备用金，收市后将营业款投入财务室保险箱中； 6. 上下班做好事项记录及交接工作； 7. 保持工作岗位的规范整洁

1.4 关键岗位设置和职责说明书

在了解了各个部门的目标后，还要对关键岗位进行了解。那么就涉及一个基本的工具，即岗位说明书，也是绩效管理的基本工具。通过该工具我们可以全方位的了解餐饮企业内部的关键岗位，并通过该岗位说明书制定绩效管理制度。

1.4.1 绩效管理基本工具：关键岗位说明书

岗位说明书是对企业岗位的任职条件、岗位目的、指挥关系、沟通关系、职责范围、负责程度和考核评价内容给予的定义性说明。岗位说明书主要包括以下两个部分。

职位描述。主要对职位的工作内容进行概括，包括职位设置的目的、基本职责、组织图、业绩标准以及工作权限等内容。

职位任职资格。主要对任职人员就职标准和规范进行概括，包括该职位的行为标准，胜任职位所需的知识、技能、能力、个性特征以及对人员的培训需求等内容。

企业为什么要制作岗位说明书呢？作用到底有哪些？如下所示。

◆ 为招聘、录用员工提供依据。

◆ 对员工进行目标管理。

◆ 是绩效考核的基本依据。

◆ 为企业制定薪酬政策提供依据。

◆ 是员工教育与培训的依据。

◆ 为员工的晋升与开发提供依据。

那么我们应该如何编制岗位说明书呢？首先要了解岗位说明书的编制要点，主要包括以下 4 点。

①对职位的描述，描述任职者现在工作的内容。

②不局限于现状，着眼于组织设定岗位需要。

③针对岗位而不是人。

④归纳而非罗列。

一般来说，岗位说明书都会通过表单的形式来制作，方便阅读，也能很好地加入相关内容，表 1-7 所示为某企业的岗位说明书。

表 1-7　岗位说明书

岗位说明栏			
岗位名称		岗位级别	
直接上级		直接下级	
所属部门		岗位薪酬	
协作岗位			
岗位目标			
岗位主要职责		**关键绩效指标**	
1. 2. 3. 4. 5.			
岗位主要权限			
1. 2. 3.			
岗位任职条件			
专业技能			
个人素质			
教育程度			

从表 1-7 可以看出岗位说明书囊括的关键内容有很多，当然在实际制作时也可以根据企业的自身情况来选择重要的内容，通常表单分

为7个部分，这7个部分不一定要全部包括在内，可由制作人自行选择。

①基本信息：职位名称、部门、直接上级、所属下级、编写日期等。

②职位目的：对职位概述。

③职责和权限：分主要职责权限、相关职责权限和临时性工作。

④工作关系：分内部关系和外部关系，包括联系部门、人员。

⑤任职资格：包括教育水平、工作经验、技能和水平、个性和质素等。

⑥考核指标、权重、薪资等级和职位发展方向。

⑦工作环境。

1.4.2 总经理岗位说明书

对于餐饮企业来说，该如何制作员工岗位的岗位说明书呢？我们可以从一些重要岗位入手，根据组织架构，进行岗位梳理和工作分析。采用问卷调查、员工记录等方法收集基本的资料，再制作表单。

餐饮企业的总经理一职是至关重要的，一般企业只会设置一名，表1-8所示为某餐饮企业的总经理一职的岗位说明书。

表1-8　总经理岗位说明书

岗位说明栏			
岗位名称	总经理	岗位编号	1674138694
所属部门	总经理办公室	薪酬形式	年薪
直接上级	董事长	直接下级	公司各部门负责人
晋升方向	企业副总、分公司总裁		

续表

职位概述	为公司各部门建立健全良好的沟通渠道和管理体系；负责组建高效的组织团队；按照企业的年度计划制定公司整体经营计划，做好执行和监督工作，以及日常经营管理工作；处理公司重大突发事件，完成企业年度经营目标

岗位主要职责

1. 负责制定执行企业整体经营计划和总目标；
2. 主持公司日常管理工作，审批签署各项正式文件与合同；
3. 根据公司年度经营计划和总目标在各部门内开展工作；
4. 负责定期召开企业各部门主管管理会议，了解各部门工作进展；
5. 代表企业董事会向各部门负责人传达工作任务；
6. 负责公司招商加盟计划及各项宣传工作

工作协调关系

内部协调	公司各部门
外部协调	政府相关职能部门、经营管理中的合作单位

任职资格

学历要求	硕士及以上学历，市场营销、企业管理、经济管理相关专业毕业
培训经历	熟悉餐饮行业、连锁企业管理知识，具备企业管理、项目策划等基础知识，有过市场策划培训、企业文化培训经历
工作经验	从事过餐饮行业部门负责人、运营总监等岗位工作，至少有 5 年以上的管理岗位经验
个人素质	具有极强的领导能力、分析能力、组织协调能力、人际能力及沟通能力等

其他

工作地点	公司总部（总经理室）
工作时间	按公司章程为准

从表 1-8 中我们可以看出，餐饮企业的总经理一职的基本岗位说明内容包括上下级关系、晋升方向、主要职责等，在实际制作中可以参考上表，对自己企业的岗位说明书进行改进和完善。

1.4.3 直营店长岗位说明书

现在很多餐饮企业的经营模式逐步向连锁餐饮靠拢，很多餐饮企业通过连锁经营和特许经营的方式拓展品牌。连锁餐饮是餐饮业发展到一定程度时的必然产物，也是特色餐饮的一种发展模式。

在这种经营模式下，各个分店的管理就显得尤为重要。一般来说，餐饮企业会为旗下分店招聘一名店长，通过指导店长管理达到自己的经营目标，表 1-9 所示为某餐饮企业的直营店长一职的岗位说明书。

表 1-9　直营店长岗位说明书

岗位说明栏			
岗位名称	店长	岗位编号	1876465
所属部门	运营部	薪酬形式	月薪
直接上级	运营部主管	直接下级	店内员工
晋升方向	运营部副主管、区域经理		
职位概述	按照企业制定的分店规章制度，管理负责店铺，在运营部主管的指示下，负责分店的日常管理、经营、扩大规模等事务，完成分店的经营目标		
岗位主要职责			

1. 完成公司制定的营业额目标；
2. 定期召开店铺例会，检查出勤情况；
3. 负责分店员工的管理工作，对其进行考核、培训；
4. 不断完善店内各工作岗位的工作程序及规章制度，监督员工的执行情况；
5. 制订分店的经营计划，并定期向总部述职；
6. 负责收集顾客的就餐意见及建议，及时处理客人投诉；
7. 检查店内卫生情况，店内设备安全状况；
8. 负责店内的财产管理，制定预算，控制费用开支及成本消耗；
9. 了解市场行情，做好宣传工作，开拓市场；
10. 每日营业结束后检查每日收入与报销的单据，第二日按时存入营业款；
11. 每月初负责缴纳店铺房租、水电费用

续表

岗位职权	
人事权	1. 有对分店所有员工进行任免、劝退的权力; 2. 有对分店员工进行考核、评估的权力
财务权	1. 有备用金支配权; 2. 有企业规定章程的折扣权
其他	包括处理权、执行权、监督权等
工作协调关系	
内部协调	服务员领班、厨师长、清洁领班
外部协调	运营部主管、公司其他各关联部门负责人
任职资格	
学历要求	本科及以上学历,市场营销、企业管理、经济管理相关专业毕业
培训经历	熟悉分店管理知识,有过行政管理培训、财务管理培训经历
工作经验	有 5 年及以上本岗或相关岗位工作经验,至少两年及以上管理岗位经验
个人素质	具有极强的领导能力、组织协调能力、人际能力及沟通能力等
其他	
工作地点	分店铺址
工作时间	以分店经营时间为准

表 1-9 所示的直营店长岗位说明书大致展示了该岗位的主要工作性质,即对整个分店的运营、财务、卫生、安全及宣传进行管理,并且说明了岗位职权的具体内容,体现了该岗位的特殊性。

1.4.4　宴会厅领班岗位说明书

宴会厅领班这一职位是较大型的餐厅,一般是星级餐厅才会设置的职位。该岗位既带有服务性质，也带有管理性质，需要同时具备这两方面才能的人才能胜任，表 1-10 所示的是某餐饮企业的宴会厅领班一职的岗位说明书。

表 1-10 宴会厅领班岗位说明书

岗位说明栏			
岗位名称	宴会厅领班	岗位编号	167313
所属部门	餐饮部	薪酬形式	月薪
直接上级	餐饮部主管	直接下级	宴会厅服务员
职位概述	按照餐饮部的管理标准保持宴会区域卫生，对宴会厅服务员进行培训，保证服务质量		
岗位主要职责			
1. 负责管理宴会厅的各种接待服务工作，制定及安排服务员班次，督导宴会服务员的日常工作； 2. 协助餐饮部主管对员工进行评估； 3. 负责指导本部门员工宴会服务的培训工作； 4. 了解每档宴会的承办内容、具体要求，并检查准备工作是否到位； 5. 按企业章程为 VIP 客人提供优质服务； 6. 督导员工按企业餐饮部的服务标准和流程服务客人			
工作协调关系			
内部协调	与餐饮部员工的交往与协作		
外部协调	与顾客、各企业客户保持良好的关系		
任职资格			
学历要求	专科及以上学历，企业管理相关专业毕业		
培训经历	受过相关的餐饮管理培训		
工作经验	有两年及以上餐厅工作经历		

续表

个人素质	1. 语言要求：普通话标准流利，能用英语做简单交流； 2. 基本素质：吃苦耐劳、性格外向、有责任感和良好的职业道德
主要绩效指标	
个人部分	①每日检查情况；②酒店活动参与情况
员工管理	①员工流失指标；②部门例会；③与员工沟通
日常管理	①固定资产管理；②客人投诉；③设备设施完好率
培训管理	①培训计划；②培训次数；③培训出勤；④培训课件
对外交流	①联谊次数；②协作解决问题

表 1-10 所示的岗位说明书展示了该岗位的特殊性，宴会厅领班既要负责宴会区域的管理工作，又要服务客人，尤其是 VIP 客人。所以该岗位主要的绩效指标与员工、顾客都有关系。

1.4.5　招聘经理岗位说明书

任何一个企业，尤其是对大型企业来说，人力资源部都是必不可少的部门，而招聘经理就是专门负责为企业寻找合适人才的岗位，该岗位与企业日常的经营或服务工作没有直接关系，是专门规划管理企业人才的岗位，表 1-11 所示为某餐饮企业的招聘经理一职的岗位说明书。

表 1-11　招聘经理岗位说明书

岗位说明栏			
岗位名称	招聘经理	岗位编号	1494536
所属部门	人力资源部	薪酬形式	月薪
直接上级	人力总监	直接下级	招聘专员
晋升方向	人力总监、人力主管		

续表

职位概述	主要负责招聘管理，确保各部门负责人的满意度及保证职业化、规范化，负责内部人才培养及供给

岗位主要职责

1. 参与制定并完善公司招聘制度、实施细则及工作流程，并监督实施；
2. 参与设计公司组织结构、岗位设置，制作岗位说明书；
3. 负责企业招聘渠道的组建，招聘工作的督导；
4. 拟定部门成本预算，根据预算进行招聘活动；
5. 每月末组织制定月度工作目标与计划，督促员工本月目标；
6. 每月对本部门员工进行绩效考核，根据考核结果进行绩效面谈，指导员工改善工作；
7. 每月对本部门员工进行培训，或组织联谊活动至少一次

岗位权限

1. 选择并建立招聘渠道的权力；
2. 建议并优化企业招聘岗位绩效考核方案的权力；
3. 对直接下属的考核权、升降权、任免权；
4. 对部门内各项费用开支的审批权（4 000 元以内）；
5. 对新入职人员转正的审核权和否决权

任职资格

学历要求	本科及以上学历，管理类相关专业
技能知识	熟悉国家、地区关于合同管理、薪金制度、用人机制、保险福利待遇等政策
工作经验	3 年以上本行业或相关行业人力资源管理工作经验
个人素质	具有较强的沟通、协调能力，积极乐观

主要绩效指标

①招聘进度；
②员工流失率；
③团队建设

通过表 1-11 所示的岗位说明书，可基本了解招聘经理岗位的工作内容，以及招聘经理的主要职责、岗位权限和主要绩效指标，可以知

道招聘经理的工作重点是保持员工的稳定性。

1.5 绩效管理方法

如何进行绩效管理，想必是很多企业管理者头疼的一个问题，要考虑多方面的因素的影响，如市场行情、企业规模、目前发展阶段、组织架构、企业文化等。所以不同的企业绩效管理的方法也会有所不同，绩效管理的方法有很多，常用的主要有以下 5 种，下面一起来看看。

1.5.1　目标管理法

目标管理法是指由上级和下级共同决定具体的绩效目标，并且定期检查完成目标进展情况的一种管理方式。目标管理法属于结果导向型的绩效考评方法之一，通过实现目标的程度，对员工进行考评。在运用目标管理法的时候，要注意以下一些内容。

◆ 目标管理法适用于企业内的所有部门和岗位，所以应为企业各级人员规定目标。

◆ 绩效目标应与考核标准一致，即通过实现目标的程度进行考核，再根据结果决定升降奖惩和薪酬。

◆ 应既有总目标也有分目标，且分目标必须与总目标保持一致。

了解了目标管理的基本内容后，我们如何进行目标管理呢？一般通过以下 4 个步骤。

①制定目标，包括了制定目标的依据、对目标进行分类、符合

SMART 原则、目标须沟通一致等。

②实施目标。

③信息反馈处理。

④检查实施结果及奖惩。

第一个步骤制定目标，该注意哪些问题呢？首先，制定的目标要符合 SMART 原则，来看下面的例子。

某连锁餐饮企业经过董事会决定 2019 年度的发展目标，一是推广一类新菜品，要求能在今年火爆；二是公司的营业收入增长 15%，达到 1.1 亿元；三是实现企业的股份制改革，并争取上市。

根据企业的发展目标，人力资源部主管李总监制定了该部门 2019 年度的分目标：

目标一：在 2019 年 3 月底前制定出今年的人力资源规划，主要招募宣发部的总监及餐饮部的总厨。

目标二：在 2019 年 5 月底前完成新菜品开发队伍的招聘工作。

目标三：在 2019 年 3 月底前制定出企业的年度考核制度。

目标四：在 2019 年 3 月底前制订出公司年度培训计划，并按计划指导各部门开始实施。

上例中，李总监制定了部门 2019 年度工作目标，首先要检验的就是分目标是否与公司目标一致。由于公司 2019 年要推广新菜品，所以人力资源部打算招聘宣发部的总监及餐饮部的总厨，可以看出李总监制定的分目标和总目标是保持一致的。

但是根据 SMART 原则，工作目标应该是可度量的或有一定的工作标准。目标一中的人力资源规划是今年提出的，没有具体的工作标准，在提出该目标时应补充说明，可改为以下的内容。

目标一：在 2019 年 3 月底前制定出今年的人力资源规划，参照 G 公司的人力资源规划，主要招募宣发部的总监及餐饮部的总厨。

李总监的目标得到了领导确认之后，还需列出为达成目标所需要的合作对象及外部资源，如下所示。

为达成本部门的工作目标，李总监列明了需要本公司员工合作的对象：

1. 餐饮部主管：确认招聘主厨所需的条件、招聘流程。

2. 宣发部主管：确认招聘宣发总监所需的条件、招聘流程。

3. 行政部经理：协助制定考核制度。

4. 财务部经理：确认相关招聘计划的成本预算。

除了以上的协助对象，李总监还需要一些外部资源，如一定的预算资金，专业的菜品开发人才，市场调查资料等。

1.5.2　360 度考核法

360 度绩效评估法，又称为全方位考核法，是常见的绩效考核方法之一，其特点是评价维度多元化（通常是 4 个或 4 个以上），适用于对中层以上的人员进行考核。

该方法是指通过员工自己、上司、同事、下属、顾客等不同主体来了解被考核者的工作情况，考核结合各方面的意见，让被考核者清楚自己的长处和短处，来达到提高自己的目的。

如果员工想知道别人对自己是怎么评价的，就可以主动提出进行 360 度考核。很多企业第一次引进 360 度考评，会委托专业的顾问公司来进行。如果企业内部人员进行360度考核需要根据以下4个步骤进行。

◆ 第一步，确定使用范围

首先要确定考核目的和考核范围，使有限的资源发挥最大的作用，根据目的设置范围。如是为了企业整体发展，还是为了考察中高层管理人员的能力。

◆ 第二步，设计考核问卷

通常实施360度考核法采用问卷的形式来进行考核，问卷可分为3种形式。

①一种是等级量表形式，给评价者提供5分等级或者7分等级的量表，由主评价者选择相应的分值。

②一种是开放式问题形式，让评价者写出自己的评价意见。

③以上两种形式相结合。

问卷调查的内容可以是与被考核者的工作情况密切相关的行为，也可以是普遍的行为。

◆ 第三步，选定评估人

企业在采用360度考核法进行考核时，可选择多个评价者匿名评价。比如，某餐饮企业将与被考核员工有联系的人分成几组，每组规定几个人对被考核人进行评价，这样扩大数据的来源范围，让多名评价者对考核者进行评价。

◆ 第四步，提供回馈

要想360度考核法真正有好的作用，要看对最后的评价结果的应用，所以考核并不是要点，要点是之后的反馈。通常由被考核者的直属上级、人力资源部专员或者外聘考核专家根据评价的结果向被考核者进行反馈。可从以下 3 方面入手。

①首先明确被考核者好的方面和不足之处，提出改进的意见，相互交流如何改进。

②对被考核者的自评结果和他评结果进行分析，找出评价不一致的地方，分析原因。

③可让员工自由地就评价结果进行沟通交流。

下面来看看某餐饮管理有限公司经理晋升的 360 度考核问卷，如表 1-12 所示。

表 1-12　经理晋升 360 度考核问卷

评估内容	题目	优秀	良好	差
人际交往能力	1. 与公司其他部门建立联系	（　）	（　）	（　）
	2. 与外部客户建立联系	（　）	（　）	（　）
	3. 团队合作	（　）	（　）	（　）
	4. 解决矛盾	（　）	（　）	（　）
影响力	1. 团队发展	（　）	（　）	（　）
	2. 应变能力	（　）	（　）	（　）
	3. 说服力	（　）	（　）	（　）
领导能力	1. 考核下属	（　）	（　）	（　）
	2. 将考核结果反馈给下属	（　）	（　）	（　）
	3. 培训员工	（　）	（　）	（　）
	4. 授权下属	（　）	（　）	（　）
	5. 激励员工	（　）	（　）	（　）
	6. 分工明确	（　）	（　）	（　）

续表

评估内容	题目	优秀	良好	差
沟通能力	1. 口头交流	( )	( )	( )
	2. 邮件沟通	( )	( )	( )
判断和决策能力	1. 企业发展考量	( )	( )	( )
	2. 创新能力	( )	( )	( )
	3. 解决问题能力	( )	( )	( )
	4. 问题分析能力	( )	( )	( )
	5. 决策能力	( )	( )	( )
计划和执行能力	1. 前瞻性	( )	( )	( )
	2. 工作效率	( )	( )	( )
	3. 组织能力	( )	( )	( )
专业知识与技能	1. 管理基础知识	( )	( )	( )
	2. 专业知识	( )	( )	( )
	3. 实务知识	( )	( )	( )
	4. 技能技巧	( )	( )	( )
自由评价				

1.5.3 KPI 考核法

KPI 考核法指的是关键绩效指标考核法，其理论基础是二八原理，即 80% 的工作任务是由 20% 的关键行为完成的。因此，必须抓住 20% 的关键行为，并进行分析和衡量。

KPI 是对企业运营过程中关键要素的总结归纳。那么，关键绩效指标的特征有哪些呢？

①将公司愿景、未来发展规划与部门员工的工作相连接，从上到下进行分解，使公司、部门及员工有各自的 KPI，形成一个系统。

②要保证员工的绩效与公司目标、价值观一致，首先要以员工为企业创造利润为最终目的。

考核标准的制定方法可以参照以下 3 种方法：等级描述法、关键事件法和确定里程碑法。

◆　等级描述法

等级描述法是对工作成果或工作履行情况进行分级，并对各级别用数据或事实进行具体和清晰的界定，据此对被考核者的实际工作完成情况进行评价的方法。

因为等级描述法可以用数据和事实描述不同工作的级别，所以常用来考核一些普遍的或重复进行的工作。在实际操作中，常分为"优秀""良好""一般""较差"和"不合格"等 5 个级别，每个级别都有详细的描述定义本级别的状态。

◆　关键事件法

关键事件法是针对工作中的关键事件，制定相应的扣分和加分标准，来对被考核者的业绩进行评价的方法。关键事件法常用于可用关键事件反映被考核者工作表现或业绩的情况，如下例所示。

某餐饮企业在对客人提供服务时，可能会因为服务员的工作态度产生投诉，为了减少客人的投诉，可以设定一个关键事件，如出现一次投诉扣 10 分，合格分为 80 分，出现 3 次及以上投诉，否决当期绩效。

上例中一次投诉和 3 次投诉的情况形成了关键事件。

◆ 确定里程碑法

确定里程碑法是根据任务的运行情况，根据时间节点制定相应的里程碑，在项目考核中运用较多。

某餐饮企业要扩展分店，此发展目标是运营部的一个重要工作，由于这是一项年度计划，所以在进行季度考核时，需要事先明确每个季度的阶段性成果和项目状态，在每个节点设置相应的等级描述，确定此项工作的阶段性绩效。

以上介绍的是常见的对定性指标进行考核的思路和具体操作方法，可供各位管理者参考。

1.5.4 平衡计分卡

平衡计分卡是从财务、客户、内部运营、学习与成长 4 个角度，将企业的战略落实为可操作的衡量指标和目标值的一种新型绩效管理体系。平衡记分卡的设计也包括 4 个方面，其中每个方面，都有其核心内容。

（1）财务方面

财务性指标显示企业的发展规划对经营利润是否有贡献，是用于绩效评估的传统指标，内容包括营业收入、降低成本、提高生产率、经济增加值等。表 1-13 所示为某餐饮企业财务类主要考核指标。

表 1-13　某餐饮企业财务类考核指标

工作流程	工作内容
营收指标	保证餐厅年度经营目标的实现
GOP 指标	满足餐厅营利性要求

续表

工作流程	工作内容
成本率执行	加强成本控制
应收账款	保证合理的现金流量，防止财务危机

（2）客户方面

管理者确定市场，衡量相应的指标，考虑怎样满足顾客需求。客户最关心的不外于 5 个方面：时间、质量、性能、服务和费用。客户方面指标衡量的主要内容：市场份额、老客户挽留率、新客户获得率、顾客满意度和从客户处获得的利润率。如下所示为某餐饮企业客户类的考核指标，主要检视餐厅是否满足核心客户。

◆ 顾客满意度，由餐饮部定期调查。

◆ 目标市场占有率，与竞争对手对比。

◆ 员工满意度，由人力资源定期统计。

◆ 员工流失率 / 核心员工流失率。

◆ 客户投诉，由餐饮部负责汇总。

◆ 市场信息。

◆ 员工投诉。

◆ 客户维系 / 流失率。

◆ 客户开拓。

◆ 离职面谈 / 员工定期面谈。

（3）内部营运方面

建立平衡记分卡的顺序，通常是先制定财务和客户方面的目标与指标，再制定企业内部流程面的目标与指标。内部运营绩效考核应以对客户满意度和实现财务目标影响最大的业务流程为核心。

内部运营指标有时间规划性，既有短期的现有业务的改善，又有长远的产品或服务的改进，包括企业的改良／创新过程、经营过程和售后服务过程。常见的餐饮企业的营运指标如下所示。

①宣传主题活动策划、执行。

②厨房安全事故。

③核心员工流失，保证餐厅人才的稳定性，计算大专以上学历人员、中级职称人员、领班职务以上人员的流失率。

④设施设备保养计划。

（4）学习与成长方面

学习与成长目标为其他 3 个方面提供了基础架构，企业对学习和成长能力的投资是很重要的，尤其是市场竞争较大的时候。学习和成长方面指标涉及的内容包括员工的能力、信息系统的能力、授权与相互配合。下面是用来评估员工管理、员工激励与职业发展等保持企业长期稳定发展的能力指标。

◆ 培训计划执行。

◆ 员工培训满意度。

◆ 人均受训时间。

◆ 部门协作（信息传递）。

◆ 厨师水平抽查合格率。

1.5.5 评价中心法

评价中心法是人事测评的一种主要方法，主要针对高级管理人员，严格来讲评价中心是一种程序而不是一种具体的方法，一次完整的评价中心通常需要两三天的时间。

被试者组成一个小组，由一组测试人员（通常测试人员与被测试人员的数量为 1 ∶ 2）对其进行包括心理测验、面试、多项情景模拟测验在内的一系列测评，测评结果是在多个测试者系统观察的基础上综合得到的。

通常情况下，评价中心要使用 4 ～ 6 种测评方法和练习来进行测评。下面介绍一个比较典型的评价中心的测评日程及内容。首先是第一天，流程如表 1-14 所示。

表 1-14　评价中心第一天流程

测试流程	主要内容
情况介绍	简要介绍测评的程序和基本安排，说明测评中的注意事项和要求，为正式开展测评做准备
面试	由主管人员通过与被试人的交谈、问答和观察，对被试人进行初步评价
管理游戏	给出题目和相应的资料，将被试者分组，完成题目安排。比如 4 人一组形成几个公司董事会，根据市场状况和各单位基本资料，要求他们完成内部结构优化的目标
案例分析讨论	主试人为被试人提供不同类型的小型案例，分别考察被试人具备的各种能力，如决策、计划、组织等能力。如给出题目"管理公司"，要求他们将自己定位于企业的管理者，在一小时内进行讨论，并提交书面建议
角色扮演	将被试人放到某一职位中去，设置情境，让其解决问题，最后回答主试人的问题。比如任命被试人为部门经理，解决是否为某项目提供资金的问题

第二天的测试主要分 3 个方面进行，具体内容如下所示。

◆　公文处理

让被试人处理某岗位上的文件，主试人在审阅被试人的处理办法及处理意见后，同被试人进行一小时的面谈，详细了解具体的想法和理由。

如要求被试人模拟企业某部门经理，处理各种信函、报告、备忘录、申请书等公文，并根据自己的岗位权限或报上级主管，或自行处理、或授权下级解决。

◆ 分角色小组讨论

将被试人分为几个小组，模拟公司各部门，设置情境解决问题。如下例所示。

某餐饮企业董事会决定每月拿出4 000元为公司内部一名中级管理人员加薪。被试人分别模拟公司4个部门，餐饮部、财务部、采购部、楼面部主管，组成薪金委员会，评选出该名加薪的中级管理人员。要求各部门主管尽最大努力为本部门的人员争取到这个奖金。

◆ 无领导小组讨论

主试人首先给出相关的资料、信息和具体情况，要求被试人根据目前情况解决问题，先在几分钟内进行口头说明，可通过小组形式讨论，最后形成统一的意见报告。

比如提出情境让被试人作为某企业的高级财务顾问，解决公司财务问题。一是资金流失问题；二是公司财务状况和市场调查报告，考虑是否应扩大门店规模，筹集所需资金。

经过前两天的测试，已经对被试人有了大概的判断和了解，到了第三天，各个测评项目的主试人集中在一起，开会讨论每位被试人的测评结果，最后要达成一致意见，写出书面报告，对被试人各方面能力得出综合评价结果。

1.6
绩效管理需要掌握的技巧

很多企业管理者在进行绩效管理时，多多少少会面临一些问题，有的是对绩效管理的认识不够，有的是不知道结合各种管理机制。所以很容易出现费时费力，但却依旧没有什么成效的情况。我们要知道，绩效管理是一个完整的系统，各个环节相辅相成，所以首先要有一个正确的认识，否则容易一步错，步步错。

1.6.1 绩效管理中的误区

企业经营的本质是营利，为了达成经营目标，企业内各个部门都需要付出努力，而单靠员工自觉自愿地工作很难达到高效，所以需要进行绩效管理。

作为企业管理者，很多人在认识上和实践中对绩效管理有一定的误解，这些误解可能会影响绩效管理的效果。所以我们需要了解绩效管理的几大误区。

◆ 误区一：绩效管理就是绩效考核

很多人都以为绩效管理就是对员工进行考核，其实绩效考核只是绩效管理的其中一个环节。绩效管理是从绩效计划开始的，然后通过绩效考核得出绩效结果，再进行绩效反馈。想要使绩效管理行之有效，每一个环节都必不可少。

◆ 误区二：绩效管理是人力资源部的工作

很多企业员工都会错误地认为绩效管理是人力资源部的工作，而自己只需要在月末、季末及年底时，填写人力资源部的表格，领取绩效工资即可。

虽然人力资源部确实会负责绩效管理工作，但其主要的工作是计划流程、制定绩效考核表格等，至于绩效管理的执行和考核人力资源部力所不及，需要部门责任人来做。要知道绩效管理不是简单的人力资源管理问题，而是企业综合的系统管理问题。

想要在企业内部推行绩效管理，使企业高效运转，得到全体企业员工人的支持是必不可少的。

◆ 误区三：绩效管理是管理者的事情

绩效管理是否真正有效，并在企业内部顺利推行，必须得到员工的支持。企业的总目标也要与员工目标相一致，这样员工才会有参与感。要知道员工不仅仅是被管理者，也是参与管理很重要的一部分，对员工的反馈直接决定绩效管理结果是否有效。所以员工从计划到改进的整个过程中，都应积极参与，意识到自身的重要性。

◆ 误区四：绩效管理是额外的工作

其实在实际工作中，会常出现以下一些情况。

高层主管不关注绩效管理工作。

中层管理人员认为绩效管理工作是附加工作，所以不上心。

员工也觉得绩效考核是多此一举，没事找事。

不过真的是这样吗？我们必须要明确绩效管理应由高层领导推行，各部门主管执行，员工积极参与。这不是额外的工作，而是工作的其中一项。

1.6.2 绩效考核与薪酬管理要有效结合

在进行企业的绩效管理时，绩效往往与薪酬互相关联，如果绩效考核与薪酬管理不能有效结合，会给企业管理带来意想不到的麻烦。那么该如何做好薪酬与绩效考核的有机对接呢？

◆ 第一，绩效工资和基本工资分开来

基本工资是员工完成工作的应得工资，绩效工资是对员工潜力的激励。绩效工资具有浮动性，因为员工工作内容不同、工作职级不同，所以绩效工资会有很大的差距。在基本工资上加入绩效工资，可以调动员工积极性，建立合理的薪酬结构。

而在薪酬结构中，保证员工工资所得公开公平的依据即是绩效。不仅不会造成员工有所抱怨，还能让工作高效者得到应得的激励。看下面一个例子。

某餐饮企业对员工实行全面薪酬激励，包括基本工资、奖金（全勤、零投诉）、表彰奖励（季度优秀员工）以及假期（餐厅淡季）4 个方面。该企业的工资制度，让员工不断高标准要求自己，也不会产生心理不平衡。该公司在实施薪酬激励后的两年内迅速扩大规模，在行业内已经是数一数二的了。

◆ 第二，引入激励机制和考核机制

如果员工进入公司后，天天无所事事消磨时间，一定不是员工的错，而是企业管理有问题，员工干多干少一个样，当然没有斗志了。为员工设定绩效目标，根据考核结果给予奖励，才能实现公司的高效管理。所以企业要引入激励机制和考核机制，看下面例子。

某餐饮企业要进行运营部改革，将运营人员的薪资分为基本工资和绩效工资，为符合该企业的经营情况，将绩效工资设为提成制，给员工设定定期目标，完成目标之后就可获得相应的报酬。而且为了更好地激励员工，将绩效工资按营业额和加盟费的百分比进行设置。如果月营业额超过 10 万元，可获得 1% 的绩效奖金。

绩效管理是管理者衡量员工价值和工作能力的一种管理方式，而薪酬管理能激励员工。在设计相关管理机制时，应让员工参与到薪酬设计与绩效考核设计之中，让员工有提意见的机会，员工才会更加认可该管理机制，真正建立劳资双方满意的管理制度，实现共赢。

餐饮企业绩效管理流程梳理

第2章

02

很多餐饮企业想要通过绩效管理提升公司的工作效率，以便获得业绩的大丰收。但是，绩效管理复杂的流程却让新手管理者头疼了，所以在进行绩效管理之前一定要对其流程进行梳理。

2.1
制订绩效计划

　　企业进行绩效管理是从制定绩效计划开始的，设计绩效计划一般从公司最高层开始，再分解到各级子公司及部门，最终落实到个人。对于各子公司而言，这个步骤即为经营业绩计划过程；对于员工而言，则为绩效计划过程。

2.1.1 绩效计划的定义及内容

　　绩效计划是被评估者和评估者双方对员工应该实现的工作绩效进行沟通的过程，并将沟通的结果落实订立成正式书面协议即绩效计划和评估表，它是双方在明晰责、权、利的基础上签订的一个内部协议。

　　按责任主体分为公司绩效计划、部门绩效计划以及个人绩效计划3个层次；按时间可以分为年度绩效计划、季度绩效计划和月度绩效计划等，主要内容有以下几项。

◆ 本岗位在本次绩效周期内的工作要项。

◆ 衡量工作要项的关键业绩指标。

◆ 关键业绩指标的权重。

◆ 工作结果的预期目标。

◆ 工作结果的测量方法。

◆ 关键业绩指标的计算公式。

◆ 关键业绩指标的计分方法。

◆ 关键业绩指标统计的计分来源。

◆ 关键业绩指标的考评周期。

◆ 在达成目标的过程中可能遇到的困难和障碍。

◆ 各岗位在完成工作的时候拥有的权力和可调配的资源。

◆ 组织能够为员工提供的支持和帮助以及沟通方式。

在管理者制定绩效计划时，一定要好好考虑上述内容，并争取将以上内容都涵盖进去。

2.1.2　如何制订绩效计划

在了解了绩效计划的内容后，管理者可按照以下的步骤来制定绩效计划。

◆ 步骤一，全员绩效基础理念培训

只有让每个员工都理解并接受绩效管理，才能真正实施绩效管理，才能在制定绩效计划时得到员工的反馈。所以企业内部有必要进行全员绩效基础理念的培训，帮助员工正确认识绩效管理。

◆ 步骤二，诠释企业的发展目标

绩效计划应从企业的发展目标着手，对企业目标进行层层分解，最终制定出各部门、各岗位的绩效计划与目标。

◆ 步骤三，分解企业发展目标

企业发展目标只是一个总的目标，要制定详细的绩效计划就需要将企业目标进行分解。企业的经营发展目标可以分解到运营部和推广部，辅助性目标可以分解到财务部和人力资源部。然后部门经理人可以根据部门目标制定出每个员工的岗位目标。

◆ 步骤四，员工制定绩效计划草案

员工在制定绩效计划之前先整理所在岗位的工作职责，结合部门目标和自我能力拟定绩效计划，内容包括目标标准、关键绩效指标、指标权重和工作结果测量方法等。

◆ 步骤五，负责人审核员工绩效计划

绩效计划不是一次就能完成的，需要负责人和员工不断协商，不断改进，主要针对不切合实际或不够具体的部分进行修改。审核时应使用ＳＭＡＲＴ原则来分析员工制定的绩效计划。

◆ 步骤六，负责人与员工就绩效计划进行沟通

企业每年应确定一个专门的时间让各部门进行绩效计划的制定，比如每年的3月底前。部门负责人也应找一个专门的时间用于与员工协商每年的绩效计划。

在沟通时要注意，先询问员工的想法，然后首先讨论员工与自己想法一致的部分，再就不同意见的地方进行讨论，提出修改意见。

◆ 步骤七，达成共识

在负责人与员工不断协商后，双方要达成共识。如何能确定双方意见一致呢？可通过对以下一些问题的答案保持一致来确认。

①员工的主要岗位目标是哪些？

②筛选出的关键工作各自的权重分配是多少？

③能否按重要的、次重要的、次要的分出工作目标？

④关键绩效考核指标有哪些？

⑤员工在工作时可能会遇到哪些障碍？

⑥负责人能为员工提供什么帮助？

◆　步骤八，明确界定考核指标以及具体考核标准

只有明确界定的考核指标及考核标准，员工才知道如何去完成工作，并且有效地完成。当然考核指标要是能够量化或定性的标准，例如一些计算方式或计分方法，如下例所示。

某餐饮企业考核出勤情况，通过月出勤率来进行考核，具体考核标准定为"早上 9 点打卡，10 点以前到算作迟到，10 点以后到算缺勤半天，月迟到率达到 2% 扣绩效奖金的 50%，缺勤率达到 3% 扣工资的 3%"。

餐饮部员工王某一个月迟到了 5 次，按一月上班天数 25 天计算，该员工月迟到率达到 2%，当月绩效工资为 300 元，于是扣掉了 150 元的绩效工资作为处罚。

◆　步骤九，协助员工制定具体行动计划

制定了绩效计划以后，该怎样实施绩效计划呢？这时我们需要制定相应的行动计划。由负责人协助员工完成，并督导员工实施该行动计划。

◆　步骤十，最终形成绩效协议书，双方签字认可

达成绩效协议书是绩效计划的最后一步，内容包括员工的工作目标、主要工作结果、绩效的指标和标准、指标权重和每项工作的行动计划。

绩效协议书主要是为了明确双方的绩效责任，所以需要双方签字认可。

通过以上 10 个步骤，企业的管理者就可以协助员工制定出绩效计划了，而且这样制定出的绩效计划员工认可度高、可控度高，所以完成率也非常高。

开展绩效管理培训

企业要发展就必须建立科学的绩效管理体系，但很多企业开始进行绩效管理的时候，由于没有经验、员工认识不足等问题，往往推行不顺利。此时，就需要开展绩效管理培训。

2.2.1 开展绩效管理培训的目的

很多公司的员工，包括一些管理者，在公司刚刚推行绩效管理的时候都会陷入误区，导致绩效管理"走偏"，而绩效管理培训的目的能正好解决这一问题。那么绩效培训需要解决的主要问题有哪些呢？

①让员工和管理者对企业文化、价值观、发展目标有全面的了解和达成认同。

②让员工和管理者掌握公司的规章制度、各部门岗位职责及工作要领。

③提高员工的知识水平和理念认知。

④让员工关心自己的职业生涯发展，并让其了解企业也十分看重员工的发展。

⑤提升员工履行职责的能力和责任意识，进而提高工作效率。

⑥改善员工的工作态度，提高员工的工作热情，培养团队精神。

通过一系列的绩效管理培训，企业和员工能够获得一些实质的收益和效果，如下所示。

- ◆ 更全面地了解绩效管理。
- ◆ 熟悉影响绩效的因素。
- ◆ 掌握绩效管理的流程和梳理关键绩效指标的方法。
- ◆ 知道如何设计绩效管理。
- ◆ 掌握绩效面谈的技巧。

🛢加油站

在开展绩效管理培训的时候，还要遵守一些基本原则：科学、简便原则；客观、公正原则；合乎成本的原则；正视人性特点的原则。

2.2.2 绩效管理培训的内容

对于首次接触绩效管理培训的企业来说，很多企业会选择专门的绩效管理培训公司对企业内部的人员进行培训。另外，现在很多的网站上也会提供管理培训的网课，只需付费下载，然后安排管理人员为员工培训即可。绩效管理培训的内容主要包括以下 3 个方面。

- ◆ 绩效管理的观念和意识的培训。
- ◆ 绩效管理的知识和理论的培训。
- ◆ 绩效管理的技巧与方法的培训。

具体应该包括哪些内容呢？下面为管理者介绍某餐饮企业绩效管理培训的内容大纲，以供参考。

首先通过小游戏对参与培训者进行测试。

每人准备一张白纸和一支笔。

请所有人在纸上按笔画次序分别划上"—""｜""—""｜"，写成一个汉字，相互对比。

提出问题：都有哪些汉字？

出现较多的是"井"字、"口"字等，就结果进行讨论。

得出结论：目标不清楚。

通过小游戏，引入绩效管理的课前思考，需要各位管理者和员工想想以下问题：

大家为什么要努力工作？

管理者认为什么样的员工是优秀的员工？

管理者知道哪些激励员工的方法呢？

管理者是如何看待薪酬激励的呢？

绩效考核对企业管理有没有效果？

餐饮企业的业绩从何而来？未来又如何发展呢？

人力资源主管的工作对企业发展有帮助吗？

接下来进入绩效管理培训的主要内容，我们分3个单元进行阐述。

第一单元内容——对绩效管理的认知

本单元分为3个部分讲解，第一个部分是引导案例，GE公司的发展体系；第二个部分围绕绩效管理的定义、特点、影响因素进行阐述；第三个部分讲解绩效管理循环、绩效管理的误区。

第二单元内容——绩效管理体系的形成

本单元主要讲解企业绩效管理体系的开发、形成、检查与评估。

第三单元内容——绩效管理的考评方法与应用

　　本单元主要讲解与绩效管理有关的考评方法，比如如何改进绩效计划，如何解决管理者与员工的矛盾等。

　　通过一系列的讲解，强化员工对绩效管理的了解，从而开展绩效管理工作。

2.3

进行绩效辅导

　　所谓绩效辅导是指管理者与员工讨论有关工作进展情况，对潜在的障碍和问题，解决问题的办法措施，员工取得的成绩以及存在的问题，以及管理者如何帮助员工等信息了解分析的过程。

　　绩效辅导贯穿于整个管理过程，无论开头还是结束都需要绩效辅导工作参与进来，其中一项重要的工作就是绩效沟通。

2.3.1　开展绩效沟通

　　绩效沟通是绩效管理的核心，是指考核者与被考核者就绩效考核反映出的问题以及考核机制本身存在的问题展开实质性的沟通，并着力寻求应对之策，服务于后一阶段企业与员工绩效改善和提高的一种管理方法。绩效沟通可分为正式沟通与非正式沟通两类。

　　正式沟通是事先计划和安排好的，如定期的书面报告、面谈、有经理参加的定期的小组或团队会等，如表 2-1 所示。

表 2-1　正式沟通

沟通形式	主要内容
定期的书面报告	员工可以通过文字的形式向上司报告工作进展、反映发现的问题，主要有：周报、月报、季报和年报，或通过电子邮件进行传送
一对一正式面谈	面谈的重点应放在具体的工作任务和标准上，鼓励员工多谈自己的想法，以一种开放、坦诚的方式进行谈话和交流
定期的会议沟通	定期会议沟通可以满足团队交流的需要，但应注意明确会议重点，避免会议太频繁

加油站

在进行一对一面谈时，需要管理者做好一定的准备：一是拟订面谈计划，包括面谈人员、面谈时间、面谈地点；二是准备资料，包括员工绩效考核表、绩效评估结果、工作总结及该期的绩效改进计划等；三是确保面谈环境安静，比如电话静音、面谈间隔音等；四是面谈有序，可先谈员工的长处，再指出不足之处，最后提出改进建议；五是确认面谈结果，签署相关文件，以积极的方式结束面谈。

在面谈时，除了由主管单方面指出员工的优秀和不足之处，还可以通过开放式询问的方式，让员工大胆地提出自己的想法，如下例所示。

某餐饮企业总经理就分店的营业额下降问题，与分店店长进行绩效沟通。

总经理："王某，这是本季度中山分店的营业额，比上个季度下降了3个百分点，同时影响了公司的整体营业额。这可能会为公司扩展规模带来麻烦，影响投资人对企业的信心。你怎么看待这个问题呢？"

王某："这是我的问题，不过这是可以改善的……"

总经理："目前找到原因了吗？"

王某："我认为有几点原因，一是附近有一家同类型的餐厅新开张，二是附近大学暑期放假……"

总经理："准备采取什么措施改变呢？"

王某："我认为……"

总经理："非常好，你的改进意见很不错，可以立即实施，希望以后能吸取经验，减少这种情况的发生。"

除了正式沟通外，非正式沟通主要是通过非正式的会议、闲聊、走动式交谈、吃饭时进行的交谈等方式，与员工进行及时简短的交谈，这样更容易拉近主管与员工之间的距离。

2.3.2　数据收集形成记录

某餐饮企业 2019 年第一季度的绩效评估结束了，李某在季度评估中的评分较低，是最后一档：D 档。由部门经理进行通知，李某虽然心里有意见，但是当时并未对结果产生异议。

次月，在人力资源部统计双项 D 档员工时，李某收到了人力资源部的通知。李某对此通知有异议，认为部门经理的评估有误，所以向人力资源部进行电诉，要求对评估结果进行更正。

经人力资源主管了解，李某去年 4 个季度的绩效评估都为 D 档，而每次绩效评估结果出来后，部门经理虽然有与其面谈，却并未注意李某在绩效面谈表上写了自己的意见，导致其意见一直被忽视，而部门经理后来也没有与李某进行后续沟通。

上述案例中的李某应该被评为"双项 D 档"员工吗？部门经理在绩效管理有哪些不足之处呢？首先来看看本节的内容。

在进行绩效沟通之后，并不代表管理者对员工的绩效辅导结束了。

要想绩效辅导真正发挥作用，进行绩效追踪是很有必要的。如何进行绩效追踪呢？

◆ 第一步，关注实施情况。

◆ 第二步，数据收集和记录。

◆ 第三步，提供员工所需要的资源支持，尽力帮助员工。

管理者要时刻关注员工的动向，除此之外，还要收集相关信息以便对员工进行绩效辅导。这是一个循环的过程，如图 2-1 所示。

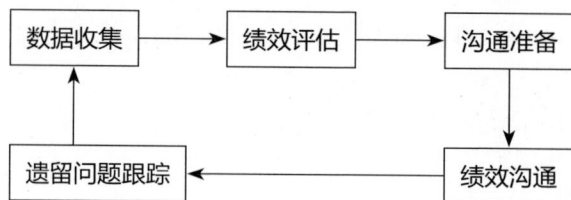

图 2-1

在收集信息时，企业管理者应该注意些什么呢？注意事项如表 2-2 所示。

表 2-2　收集信息的注意事项

注意事项	相关内容
信息内容	确保所收集的信息与关键绩效指标是相互关联的，如最近是否经常迟到等
收集渠道	1. 定期面谈； 2. 共同梳理目标计划； 3. 对照计划查看进展； 4. 在工作场所巡视； 5. 工作行为反馈； 6. 员工提交书面报告
收集方法	1. 考勤记录法； 2. 生产记录法； 3. 定期抽查法； 4. 问卷调查法； 5. 关键事项记录法（核心）

续表

注意事项	相关内容
收集方法	6. 直接观察法； 7. 扣分记录法； 8. 项目评定法

　　通过信息的收集工作，管理者可以得到员工绩效的相关数据，整理后形成记录，放在员工的个人绩效档案中去，能为以后的绩效管理工作提供帮助。

2.4
绩效管理流程常用表单

表单 20××年第×季度计划表

表单 员工绩效考核申诉表

绩效目标计划表

公司目标				
部门目标				
绩效目标	权重	衡量标准	指标 (年中及年末)	
			年中	
			年末	
			年中	
			年末	
			年中	
			年末	
意见				
员工签字: 年 月 日				
主管签字: 年 月 日				
总经理签字: 年 月 日				

表单 绩效目标计划表

员工工作态度考核表

姓名		职位		所属部门	
考核项目	考核内容				考核结果
工作纪律性					
工作积极性					
工作协调性					
工作责任感					
服务态度					
合计					

表单 员工工作态度考核表

餐饮企业绩效考核实施与后期测评

第 3 章

03

　　绩效考核是绩效管理中非常重要的一个环节，如何实施绩效考核是很多公司的一大难题。其实，只要掌握了绩效考核的实施流程，所有问题都是迎刃而解的。另外，在实施绩效考核后，相应的绩效反馈和改进也是必不可少的，这直接关系着绩效考核的最终效果。

怎样实施绩效考核

　　绩效考核是绩效管理中的一个重要环节，没有考核，就没有管理。由于一些管理者不清楚考核目的、考核方式和考核流程，导致考核结果令员工和领导人都不满意。所以要实施有效的绩效考核，首先要清楚绩效考核的实施流程。

3.1.1　餐饮企业绩效考核实施流程

　　在进行绩效管理时，首先制定绩效计划，然后按照计划实施考核，其实绩效考核就是落实每一个员工的具体工作，确保公司经营目标的实现。绩效考核的基本流程如表 3-1 所示。

表 3-1　绩效考核的基本流程

工作阶段	工作负责人	工作内容
第一阶段	总经理	提出本年度企业的经营目标、发展计划和重要工作
第二阶段	部门经理	制定部门工作计划和目标，交由总经理审批
第三阶段	全体员工	充分沟通和协商后制定绩效考核指标，双方达成一致后，签字确认
第四阶段	直接主管	协助和指导被考核者工作，进行绩效改进，填写绩效面谈记录
第五阶段	部门经理	对被考核者做出绩效评估
第六阶段	部门经理	向被考核者告知考核结果，互相沟通，提出改进的意见

续表

工作阶段	工作负责人	工作内容
第七阶段	人力资源部	1. 收集整理各部门员工考核结果； 2. 核算各部门奖金； 3. 制定薪酬方案； 4. 交由总经理审批

下面来看看某餐饮企业绩效考核的具体实施流程。

现在生意越来越不好做了，除了更新菜色之外，很多餐饮企业还不断提高服务质量，加大人力成本，即使这样营业额还是下降。某餐饮企业也面临这样的困境，于是想引入绩效管理系统，使企业长久发展。

在经过一段时间的绩效管理培训后，企业正式进入绩效考核阶段，首先经过一段时间的市场调查，企业总经理制定了企业年纯盈利增长3 ~ 7%，约 100 万元，考核期限为每个月度。

财务部经理根据总目标，立刻着手制定考核方案，方案要点是营业收入、成本费用控制和毛利率所得。

根据考核点财务经理和下级主管、部门员工开展考核指标协商会议，在会议上确定了绩效考核指标：

①各个分店每月营业收入达 20 万元，超额完成任务的按超出部分的 3% 奖励店长。

②营业费用(水电、租金、服务费等)控制在20%，每低一个百分点，奖励店长 50 元。

③新店月上座率达到85%的，店内员工奖励 500 元。

④店内设置浮动指标，根据月营业额标准上下浮动 5 万元。如月营业额为 10 万元，浮动指标为 5 万元~ 15 万元，超过 15 万元享受年

底分红，低于 5 万元，减少年底福利。

根据绩效指标，店长时刻巡视餐厅，观察员工表现，并记录在册。月底做出绩效评估，表 3-2 所示为分店 6 月的营业额统计表。

表 3-2　6 月份营业额统计表

菜品	营业指标	实际完成	差额
冷菜	10 000 元	超出 5%	502 元
烧菜	20 000 元	超出 3%	599.8 元
蒸菜	25 000 元	超出 2%	500.1 元
点心	5 000 元	超出 1%	50 元
茶水	5 000 元	超出 1%	50 元

通过月营业额可计算相关负责员工的绩效工资，与人力资源部一起向被考核者告知考核结果，提出改进意见，并在人力资源部存档。

3.1.2　确定考核内容

在了解了绩效考核的流程后，企业管理者需要确定绩效考核的内容。首先来看看下面的案例。

某餐饮企业采购部为了鼓励采购人员多寻找价廉物美的食材，要求采购人员多与不同的厂家沟通，于是将每月的通话费列为绩效考核的指标。采购部门的主管对采购人员的月通话费做出了以下规定：

①不满 100 元者不予报销。

②通话费达 200 元者全额报销，超过 250 元的再奖励 50 元话费。

本以为设定了这样的考核内容，应该会有很多可供参考的食材厂家，没想到却起了反作用。一些采购人员在月末时没有达到标准时，就会通过拨打私人电话来滥竽充数，甚至一切私人电话都通过工作号码来拨打，将通话费提升到 250 元，以期得到奖励。

那么，该企业设置的绩效内容出了什么问题呢？又该如何改进呢？

首先，要想促进销售，最合适的考核内容应该是销售业绩或者签单量，而不是与客户沟通的时长。"与客户沟通的时长"这项内容只是一种手段，并不是提高销售额的唯一方式，所以其结果不明，又不具有可衡量性。

其次，将通话费用作为衡量"与客户沟通的时长"的指标是否准确呢？由于该项指标不易掌控，很多管理者都会避免设置。选择客户来往记录、客户上门次数等指标，才能得出我们想要的考核结果。

其实类似的错误对很多新手管理者来说非常常见，对于这类问题首先要解决的就是确定考核内容。绩效考核的基本内容可分为 3 个部分，即工作态度、工作行为和工作业绩。

对于不同部门和岗位的员工来说，这三部分所占的比例也有所不同，各部门管理者可根据具体情况考量所占比例的大小。

（1）工作态度

工作态度是餐饮企业绩效考核中必不可少的一项内容，尤其是直接与顾客接触的服务员，他的工作态度直接影响工作行为，进而影响工作业绩。一般来说，餐饮企业对员工的要求无非是积极主动、有责任感、踏实上进，并且具有服务精神。

对于这类考核内容来说，很难进行量化，所以需要通过别的考核办法进行考核，可以将考勤、客人投诉、同事及上司评价、活动参与度等作为考核指标进行考察。

（2）工作行为

对工作行为的考核即是对工作能力的考核，以员工完成某项工作的进度，来了解员工的工作能力。

例如，某餐饮企业决定在未来半年扩张 5 个分店，那么推广部经理就将该目标分为更加具体的分目标，每个主管负责推广一个分店，然后安排部门员工实施工作，部门员工再将分目标分为季度目标，可在第一个季度找寻加盟客户，第二个季度进行市场调研和选址。一路分解下去，每位员工都有自己的工作任务，管理者也能对流程加以管理和控制。

（3）工作业绩

工作业绩即员工通过工作为企业带来的价值。例如，一位餐饮企业的分店店长的月营业额是 10 万元，在月末考核时发现超额完成 12 万元，得到了好的绩效结果。那么该名店长是怎么做到的呢？这就是企业要考核的内容，其实工作业绩也可分为 3 类。

实际业绩。主要是对基层员工的考核，通过员工工作完成程度和完成情况，来评定该名员工的业绩。

行政业绩。主要是对行政管理人员，部门负责人的考核，考核其是否具有管理能力，可通过其员工绩效结果、绩效面谈满意度等进行考核。

附加业绩。根据员工日常工作表现设置奖励记录。

3.1.3 确定绩效考核者

绩效考核者是一个比较模糊的概念，可指参与绩效考核的人，可分为绩效考核的对象和主体，即被考核者和考核者。

（1）考核对象

对于一般的企业来说，考核对象是上至总经理下至基层员工，通过层层分解进行考核，如图 3-1 所示。

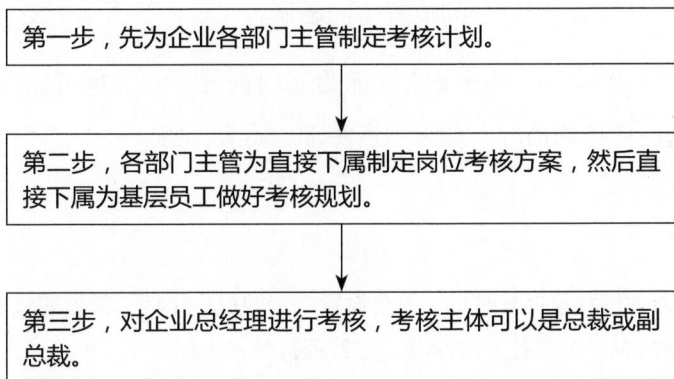

```
┌────────────────────────────────────────────────────┐
│ 第一步，先为企业各部门主管制定考核计划。              │
└────────────────────────────────────────────────────┘
                        │
                        ▼
┌────────────────────────────────────────────────────┐
│ 第二步，各部门主管为直接下属制定岗位考核方案，然后直  │
│ 接下属为基层员工做好考核规划。                        │
└────────────────────────────────────────────────────┘
                        │
                        ▼
┌────────────────────────────────────────────────────┐
│ 第三步，对企业总经理进行考核，考核主体可以是总裁或副  │
│ 总裁。                                                │
└────────────────────────────────────────────────────┘
```

图 3-1

一般的职位都按照上级制定的薪酬制度、绩效考核制度进行管理，而对于一些特殊的职位考核对象来说，该如何进行考核呢？

◆　企业董事长（兼总经理）

企业董事长（兼总经理）是企业的最高决策者，有的身兼股东、总裁等多重身份，如果作为考核对象，那么对考核的重点应放在他的职位上。

其主要职责是把握公司的整体发展目标、经营目标，工作重点也应与整体目标一致，如果工作重点走向了"偏道"，对整个企业都有影响。

◆　部门总监

部门总监作为考核对象时，要根据其对部门的影响程度来设置考核内容。如果对部门影响较大，可以将部门的整体业绩作为考核指标，权重占比依具体情况而定。

（2）考核主体

一般企业的考核主体是管理者，包括总监、经理、部分主管等，当然也有自己为自己打分的情况（问卷调查）。

在实际操作中，由于企业内部的部门设置不同，也可能会出现职能部门进行考核的情况，如人力资源部、行政部等。

加油站

考核主体为考核对象打分时，一般会设置一定的权重比例，常见的权重比例是本人评估占 5%，上级打分占 85%，总经理打分占 10%。

3.1.4 确定考核时间周期

绩效考核周期也可以叫作绩效考核期限，是指多长时间对员工进行一次绩效考核。根据绩效考核的实际需要制定，如果考核周期过短，会增加企业管理成本的开支；如果绩效考核周期过长，又会降低绩效考核的准确性，不利于员工工作绩效的改进，从而影响绩效管理的效果。

所以，管理者在进行绩效考核的准备时，应当确定出恰当的绩效考核周期。一般而言，绩效考核周期可以分为月度考核、季度考核、半年度考核和年度考核。

◆ 月度考核

月度考核一般适用于企业的基层员工，是对基层员工一段时期内工作的评价。同时配合月末工资和绩效工资的发放。因为期限较短，所以可以充分调动员工的积极性,还可以恰如其分地对员工进行绩效改革。

不过,由于月度考核较为频繁,所以在设计上要进行加强,否则容易加重部门经理和人力资源部的工作量。对于普通员工来说,月度绩效考核将使其更加注重自己的短期行为,而忽视了长期发展。

◆ 季度考核

季度考核一般适用于基层管理者,对大部分职能部门(如人力资源部)来讲,以季度为考核周期既可以避免月度考核工作量大的问题,又能及时反映出员工在该季度内的工作业绩。不过对于连锁餐饮行业的门店经营来说,3 个月的考核周期就显得有些长,不能随时依据营业额变化做出改变和弥补。

◆ 半年度考核

半年度考核一般适用于企业的中高层管理人员,考虑到中高层管理者既要对公司整体的经营发展负责,又要对员工管理负责,所以对其设置的考核指标都只适合以中长期的方式进行。

不过以半年为单位进行考核,周期相对较长,不利于对被考核者的日常行为态度进行掌握。

◆ 年度考核

年度考核适用于公司全体员工,任何企业在一年结束之后,都会进行全年的总结和来年的展望。除了对所有员工经营业绩完成情况进行考核,还要对员工一年的工作能力和态度进行考核。

所以,对员工而言,年度考核是一个相对综合、全面的考核,企业会结合日常的月考、季考,汇总整理后形成年度考核表。

当然,年度考核的问题也比较明显,比如年度考核一般与末月月度考核、第四季度考核同时进行,所以考核工作量会突然加大,会给管理者和员工带来不小的影响。

那么如何确定绩效考核周期呢？可以参考表3-3所示的3个因素。

表3-3 绩效考核周期因素

因素	具体描述
职位性质	职位不同，工作内容也不同，所以绩效考核的周期也应有不同的设计。一般来说，职位的工作绩效比较容易考核，考核周期相对要短一些，如餐厅服务员、食材采购员
指标性质	绩效指标不同，其考核内容是不同的，考核的周期也应不同。一般来说，性质稳定的指标，考核周期较长；相反，考核周期就要短一些，如考勤周期应较短，店铺扩张进度的考核周期应较长
标准性质	绩效标准的性质也是确定考虑周期的一项因素，只有员工能在一定时间内完成这些标准，绩效考核才是有效的。如达成营业额50万元，不能将其考核周期设置为1月，这样员工是不能完成的

3.1.5 收集考核信息

收集整理绩效考核信息是绩效管理的一项基础工作，通过前面的章节管理者已经知道，绩效管理是一个循环的过程，并不会随着考核的结束而结束。在绩效考核结束后，管理者还应收集信息为接下来的考核做准备。一般来说，收集考核信息有以下几个目的。

①为绩效考核的计划、评估、结果面谈提供依据。例如，在某绩效考核结束后，部门主管与员工进行面谈时，如果直接对员工说"你没有达标"，对员工没有任何帮助，只有通过员工具体的工作表现才能让员工清楚地了解自己的问题。

②通过收集员工绩效结果，查找员工的不足之处，协助员工改进。

③用于分析，管理者和职能部门可以通过对收集信息的分析，改进现有的绩效方案。

如果我们要收集绩效考核信息，盲目收集可不行，要运用科学的方法才可以，常见的信息收集方法有信息记录法、定期核查法、重点检查法、突出事件记录法等，下面进行分别介绍。

信息记录法。 由企业设置相关信息记录制度，安排员工时时记录员工的工作表现，当然记录时要按照规定的指标，定期整理汇总得到绩效考核信息。

定期核查法。 将收集的绩效考核信息整理成册，管理者可定期抽查或请专人核查，检查信息的是否真实、有效。

重点检查法。 绩效考核信息包含各个方面的指标，可通过记录重点信息来进行资料补充，比如扣分项、加分项等。

突出事件记录法。 员工在绩效考核期间都会出现意外的情况，这些突出的事件可能对业绩有所帮助，可能影响业绩，对这些事项进行记录可以对员工的问题进行反馈和改进。

信息收集除了要掌握方法，还应有选择性的进行收集，不是所有琐碎的信息都要记录在册，那样只会浪费时间、浪费精力去看一些无用的信息。主要应收集以下一些信息。

①员工业绩信息，如工作目标完成情况、工作进度。

②上级观察信息，如员工特殊工作行为的记录，员工绩效优异的记录，员工工作不佳的记录。

③周围评价信息，如客人投诉情况，同事意见不一致的情况等。

除此之外，在进行绩效信息收集时我们还应注意以下一些事项。

◆ 信息收集需要员工参与

绩效管理是管理者和员工共同参与的，所以绩效信息的收集过程员工也不能缺席，这样能完善绩效考核的效果。一来可及时调整自己的工作进度，二来能就绩效结果更好地与领导进行沟通。

◆ 收集信息要有侧重

绩效信息既杂乱又费时，所以要有所侧重，尽量收集那些与关键业绩指标相关的内容，如出错率、客户是否对服务满意等。

◆ 识别虚假信息

如果管理者没有时间收集信息，而全部参考员工收集的信息，那么一定要注意识别虚假信息，最好的办法就是定期进行抽查，看员工提供的信息与实际情况是否吻合。

◆ 信息应实事求是

在信息收集的过程中，管理者和员工都应记录实际情况（具体行为），而不能主观臆测，如可以记录员工工作效率低下，但不能记录员工工作积极性差。因为导致工作效率低有很多原因，可能是工作方法错误，也可能是团队配合不好等。

3.1.6 绩效考核结果应用

绩效考核的目的是什么，就是通过绩效结果改进工作，提高效率。那么绩效考核结果出来之后，企业相关职能部门和管理者要如何应用绩效考核结果呢？

发放绩效工资。与基础工资不同，绩效工资和绩效奖金是根据员工绩效考核结果，结合企业绩效工资发放制度来确定的，如下例所示。

某分店食铺的业营业额超过了 15 万元，根据总部的规定可在月末奖励店长 5 000 元，那么该分店店长在月末时，除了基本工资还能得到 5 000 元的绩效奖金。

绩效改进。 在一定的绩效周期内，如果绩效结果显示员工的工作效率低下，而且还有继续往下的趋势，那么管理者就要想办法对员工进行绩效改进，找出原因，制定计划，加强管理。

提升薪酬维度。 为了激励员工，企业可以设置一个薪酬维度标准，只要达到该标准员工工资就上一个维度，如下例所示。

某餐饮企业运营部在总公司的绩效制度下，又设置了 4 个工资维度标准，一级员工每月工资 8 000 元，二级员工每月工资 6 000 元，三级员工每月工资 4 000 元，四级员工每月工资 3 000 元。李某在春季顺利将新创菜品推出市场，各餐饮门店的新创菜品点单率都迅速上升，按照部门标准，李某从三级员工自动升到二级员工，每月工资 4 000 元。

岗位调整。 如果企业内正好要进行人事变动，那么员工近一年的绩效考核都可作为绩效考核的依据。如有职位空缺，需要从几个员工中挑选一个做主管，那么很大概率是挑选绩效高的那一个。另外，根据绩效结果的显示，员工在某些方面表现突出或较弱的，可以为其调整至合适的职位。

培训参考。 这主要是针对绩效较低的员工，管理者可以通过对该名员工的绩效结果进行分析，拟定培训计划。

职业发展规划。 通过绩效结果可以让管理者和员工了解自己的长处和优点，进而规划自己的职业发展道路，做出科学的发展计划。

3.2
绩效考核的反馈与改进

绩效反馈是将绩效评价和结果反馈给被考核对象，并希望对被考核对象的行为产生影响。在绩效反馈之后，为了能达到预期目的，就要对员工进行绩效改进。虽然每个员工都有需要改进的地方，但也有优点，作为管理者首先要从员工的优点出发，再谈员工的绩效改进。

3.2.1 如何进行绩效反馈与面谈

绩效反馈是绩效管理过程中的一个重要环节，是提高绩效的保证和依据，进行绩效反馈要遵循 5 个原则，如表 3-4 所示。

表 3-4　绩效反馈原则

原则	具体内容
常态原则	绩效反馈应当是经常性的、周期性的，而不是一年一次或是一劳永逸，意在随时发现问题，改进问题
提问原则	绩效反馈不是命令员工去如何做，而是通过提问的方式，让员工了解自己的问题，提问的本质就是在引导员工自己思考和解决问题
未来原则	绩效反馈的目的不是着眼于过去的问题，而是要从过去的问题中吸取经验。所以，任何对之前绩效的分析都应以未来发展为重，并制定出发展计划
积极原则	不管绩效考核结果如何，管理者都应给员工鼓励，让员工觉得自己可以通过努力不断进步
制度原则	企业应建立一套绩效反馈制度，只有通过制度才能更好地规范员工，使绩效反馈发挥长久的作用

　　了解了绩效反馈的原则后，管理者又是否清楚到底要向员工反馈些什么内容呢？如图 3-2 所示。

图 3-2

　　当然绩效反馈还要讲究一定的策略，有技巧的进行绩效反馈才能达到真正的效果，可根据绩效结果对员工进行分类，按不同类型的员工进行不一样的反馈，如表 3-5 所示。

表 3-5　对不同员工进行绩效反馈的方式

员工分类	方式
服务类	这类员工工作主要在楼面部和杂物部，在进行反馈时，管理者主要提到的应该是种种激励措施，然后再提出更高的目标和要求
业绩为主类	这类员工主要在营销部和运营部，这些部门的员工更加看重业绩和工作结果，与该类员工进行绩效反馈最主要的方式就是沟通辅导，尤其是业绩较好的部分员工
按部就班类	对于业绩平平，没有突出表现的员工，管理者一定要多费一些精神，才能取得较大的突破，可为其制定明确的、全面的绩效改进计划
不思进取类	对于这类员工，重点是要使其了解其工作目标，可协助其进行工作目标的细分，唤起员工的工作成就感

　　绩效反馈多是通过绩效面谈的方式进行的，通常一个部门主管有多个下属，所以面谈方式可以是一对一的，也可以是一对多的。这在上一章已经详细讲过，这里我们主要讲解面谈方法。

　　◆　正面反馈

　　正面反馈，从字面意思来看，即为对员工进行夸赞、鼓励。有以下 3 点要特别注意。

真诚。员工能清楚感觉到管理者的表扬是否真诚，只有真心实意地鼓励才能让员工更有干劲的工作。

在企业某次绩效面谈中，楼面部主管对张某的表现进行表扬。

A：小张，你本月的工作非常尽心，我非常满意，别人都被你远远地甩在了后面，不出几年一定大有作为。

B：小张，本月的顾客反应中，尤其提到你推荐的菜式，你不仅服务态度好，而且能够及时根据客人的需要调整菜式和餐桌，你的工作能力真的很强。

该例中哪种表扬更有价值呢？

具体。表扬的话一定不能假大空，否则还不如不说，一定要具体，要对员工完成的具体工作进行表扬。比如，采购部的员工为了赶制采购计划书而连续加班，这时作为主管要在绩效面谈时主动提出这件事，不仅要说员工十分辛苦，还要提到领导对你的计划书很满意。

建设性。主要强调员工的进步和可取之处，让员工知道他的表现受到了管理者的关注，鼓励其不断发扬，并提供一些建设性的意见，期待在之后的工作中有更好的表现。

◆ 反面反馈

一般来说，不要经常进行反面反馈，还是应以正面反馈为主，反面反馈为辅。如果要进行反面反馈，需要注意以下几点。

①根据事实描述员工存在的不足，不作主观判断。

②根据具体事件描述员工行为所带来的后果，保证客观准确。

③从员工角度出发，做一个聆听者，听取员工本人的看法。

④经过沟通，共同商定以后工作中该如何改进，并形成书面内容，

经双方签字认可。

3.2.2 绩效考核改进的步骤和方法

绩效改进和绩效反馈一样是一个长期的过程。首先，管理者要分析员工的绩效考核结果，找出存在的问题；其次，针对存在的问题，制定合理的绩效改进计划，再实施；然后，在下一阶段的绩效辅导过程中，为员工的绩效改进提供知识、技能等方面的帮助。具体步骤如图 3-3 所示。

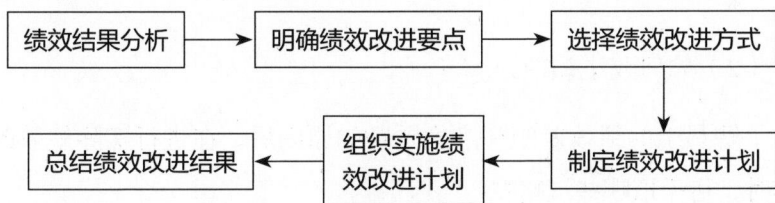

图 3-3

管理者在实施绩效改进时要注意方法，不能按照自己的想法推进绩效改进，否则不仅没有效果，还容易引起员工的反感。

（1）如何分析绩效差距

首先是分析员工的绩效差距，怎么分析呢？主要有 3 种方法，如表 3-6 所示。

表 3-6　分析绩效差距的方法

方法	主要内容
目标比较法	将一段绩效考核期内的员工实际工作表现与公司经营目标进行对比，得出工作绩效的差距
水平比较法	将一段绩效考核期内的员工实际工作业绩与前期进行对比，衡量具体的差距

续表

方法	主要内容
横向比较法	在企业各部门、各岗位、各员工间进行横向对比，仅做参考

加油站

了解员工存在的绩效差距后，管理者还需了解产生的原因，才能找出解决办法，可从 4 个方面入手。①个体条件：性别、年龄、学历、工作经验和工作年限；②心理状态：性格、态度、兴趣以及价值观；③公司外部环境：市场、顾客、同行以及行业压力；④公司内部环境：资源、组织、企业文化和竞争力。

（2）如何改进绩效

了解员工的绩效差距和产生差距的原因后，在进行实际绩效改进工作时，可采取哪些策略呢？

◆ 结合员工工作阶段具体改进

根据员工工作阶段的不同，管理者提出绩效改进的方式也该有所不同。在工作开始时，管理者可明确告知员工应该做哪些工作，怎么做；在工作进行中，及时巡查员工，发现问题制止其操作行为，随时纠正。

◆ 正向激励与反向激励

正向激励主要通过鼓励手段，反向激励主要通过惩罚手段。两种方式都是从侧面对员工进行改变。

◆ 调整岗位

如果发现员工本人并不适合当前的工作，及时对小组分配、操作方式或是员工岗位进行调整，也不失为一种方法。

3.2.3　制订绩效改进计划

绩效改进计划是根据员工有待发展提高的方面所制定的在一定时期内完成有关工作绩效和工作能力改进与提高的系统计划。绩效改进的主要内容如图 3-4 所示。

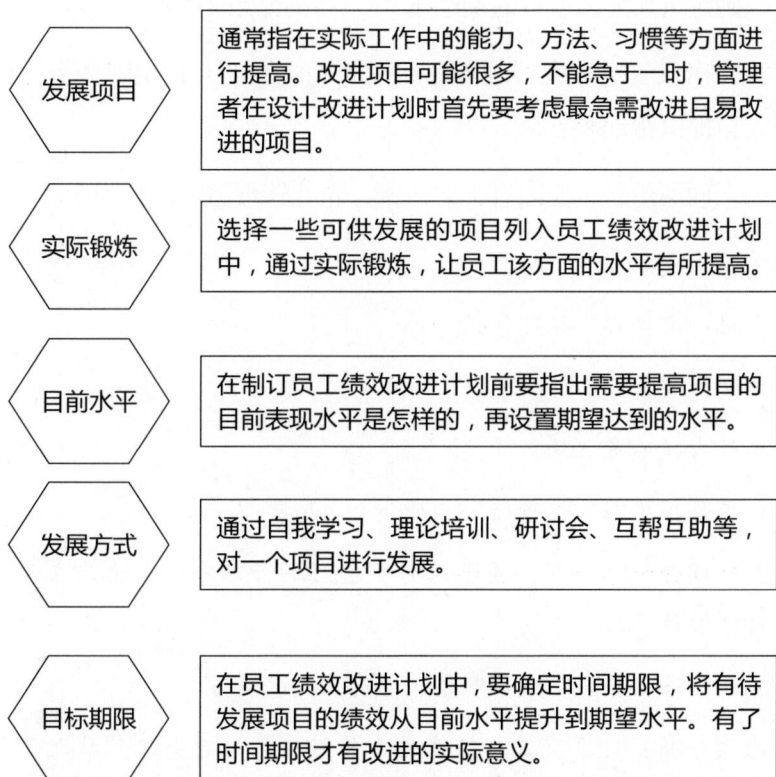

发展项目	通常指在实际工作中的能力、方法、习惯等方面进行提高。改进项目可能很多，不能急于一时，管理者在设计改进计划时首先要考虑最急需改进且易改进的项目。
实际锻炼	选择一些可供发展的项目列入员工绩效改进计划中，通过实际锻炼，让员工该方面的水平有所提高。
目前水平	在制订员工绩效改进计划前要指出需要提高项目的目前表现水平是怎样的，再设置期望达到的水平。
发展方式	通过自我学习、理论培训、研讨会、互帮互助等，对一个项目进行发展。
目标期限	在员工绩效改进计划中，要确定时间期限，将有待发展项目的绩效从目前水平提升到期望水平。有了时间期限才有改进的实际意义。

图 3-4

通常说来，制订员工绩效改进计划需要经历以下过程。

①通过员工与主管人员进行绩效考核结果沟通，明确员工优缺点。

②管理者和员工共同分析绩效方面存在的问题，找出员工在工作能力、方法或工作习惯等有待改进的地方。

③有了一定的目标和改进方法后，员工与管理者根据总结出的工作能力、方法或工作习惯方面，选择员工目前最需改进且容易改进的方面作为个人未来一定时期内将要发展的项目。

④员工与管理者共同制定改进工作能力、方法或工作习惯的具体方案，确定个人发展项目的期望水平、期限以及改进方式。

⑤列出员工个人发展的项目所需要的资源，并指出哪些资源需要管理人员提供帮助和支持。

如下面两份是企业改进计划范例，企业管理者可以作为参考。

【范例一】

考核对象：部门经理张强

被考核对象：王伟

绩效考核不足之处：

1. 工作报告写作较敷衍。

2. 时间分配不合理，重要工作如餐厅的开店布置，总是在开店前几分钟才做好。

3. 对于每日推荐菜式不熟悉，总有出错的地方。

原因分析：1. 没有工作报告的工作经验，对自身工作缺乏认识，理科出身不擅长写作。

2. 工作方法有问题，导致工作分不清重点，没有按工作重要性进行次序排列。

3. 没有事先准备，有懈怠的地方。

个人发展方向：1. 尽快提高文字写作能力。

2. 积极参加企业内部培训或是外部学习。

3. 掌握本岗位基本工作职责和关键工作。

改进计划：1. 部门工作汇报由王伟汇总整理上交主管；购买公文写作的书籍提高自己。

2. 参与企业提供的时间管理培训并通过考核；对自己的工作列出日计划和周计划，每天下班要书写工作日记。

3. 学习本岗位基础知识，在公司官网下载各菜式的具体介绍，争取熟记。

【范例二】

下表是某餐饮企业运营部绩效改进计划表，可作为参考。

制定时间：2019 年 5 月 17 日　　　　　　审核人：总经理

被考核对象	王强		职务	运营专员
直属上级	周小丽		职务	部门主管
改进项目	提升专业知识、沟通能力			
改进计划	执行时间	辅导人	主要策略	改进效果
提升专业知识	5 月 18 日起	运营部李总	内部培训	培训测试及格
	5 月 20 日	工作组组长	自我提升	达到企业基本要求
沟通能力	6 月 3 日	人力资源专员	负责部门间的沟通	各项会议正常进行
	6 月 15 日	外部培训师	培训网课	通过培训考试

3.2.4　实施绩效改进计划的要点

在实际工作中，由于时间等因素的限制，可以制定独立改进计划，也可以将绩效改进计划与计划目标相结合，通过计划目标反映绩效改进方案。

在制定绩效改进计划和实施过程中，要注意绩效改进计划一定要具有实际操作性，最好是能详细到具体的每一步骤。另外，绩效改进计划最好也要符合"SMART"原则。具体要注意哪些要点呢？

◆ 随时沟通

制定绩效改进计划之后，并不代表员工和管理员的沟通就到此为止了，在绩效改进计划实施的过程中，做到互相沟通是很有必要的。

一方面，绩效改进计划不是一成不变的，如果企业环境或是市场环境发生变化，改进计划也要随之变化，所以需要管理者和员工共同努力来改进计划，以适应当前的经营目标。

另一方面，员工在实施计划时如果遭遇瓶颈期，如何也突破不了，也需要管理者能够关心自己，帮助自己。

◆ 积极强化

所为积极强化就是在绩效计划实施的过程中，对值得鼓励的行为进行强化，增加发生的频率。这需要管理者在绩效计划进行时，随时观察员工的工作行为，对明显的进步进行反复激励，促进员工较多的发生。

◆ 有奖就有罚

如果员工在改进计划实施过程中，因个人主观原因不积极、不主动，消极怠工，管理者多次提醒或帮助仍不见效的情况下，可以采取惩罚措施，如降职、扣奖金等，不过要注意以下几点。

①处罚之前先与员工沟通，告知处罚标准和原因，让员工信服，并提出怎样才能取消处罚。

②处罚措施要合情合理，不能太过严苛。

③采取处罚措施之后要随时考察处罚结果，看是否对员工影响。

3.3
绩效管理的常见规定与表单

表单 酒水员绩效考核表

表单 总经理绩效考核表

表单 中层管理人员综合能力评分表

表单 基层员工工作态度考核表

采购部绩效考核办法

一、总则

1. 制定目的

为提高采购人员的积极性和主动性，提升各项采购绩效，特制定本办法。

2. 适用范围

采购人员绩效。

3. 考核奖惩依据

《员工手册》、酒店采购文件

二、采购绩效评估办法

1. 采购绩效评估的目的

（1）确保采购目标达成；

（2）提供改进绩效的依据；

（3）作为本部门的奖惩参考之一；

（4）作为评优、提拔和培养的参考；

（5）提高采购人员的积极性和主动性。

2. 采购人员职责概述

（1）执行采购订单和采购合同，落实具体采购流程；

（2）负责采购订单制作、确认、安排发货及跟踪到货日期；

（3）执行并完善成本降低及控制方案；

（4）执行有关采购表格，提交采购分析和总结报告；

（5）对商务谈判、采购进度、质量检验等过程负责；

（6）处理部分离要现金采购物资的个人借款和采购货款的

结算手续；

（7）负责不合格品的处理；

（8）负责供应商的管理，与供应商维持健康、良好的商业合作关系，协助酒店处理与供应商的各种纠纷；

（9）参与合同评审，与物资使用部门、财务部一起做好供应商的报价、定价及采购成本、交货期方面的方案；

（10）完成酒店领导安排的其他工作。

3. 供应部采购管理程序概述

（1）采购人员根据物资使用部门的《请购单》进行采购，各部门请购单要有部门经理及副总或总经理签字，特殊采购或大金额要有总经理、董事长签字；

（2）询价、比价和定货过程要有主管副总审批；

（3）总库物资必须经物库管人员确认数量后方可入库；直拨物资必须经使用部门人员确认数量和质量后方可入库。

（4）临时采购要有相应的采购记录凭证，长期供应的供应商要有完善的采购合同及供应商档案；

三、采购绩效评估的指标

采购人员绩效评估以工作纪律绩效、管理绩效和其它考核绩效为核心，并细分量化指标作为考核的尺度。

1. 纪律绩效

（1）个人出勤表现；

（2）遵章守纪情况。

2. 管理绩效

（1）采购物料的程序管理

模板 采购部绩效考核办法

酒店厨房绩效考核办法

为了促进规范管理，提高员工工作积极性及责任感，提高厨房效益抓好餐品质量，依据目前存在的问题，制定以下绩效考核办法。

一、实行厨房主管责任负责制，全权主管经营活动，有权对其工作人员进行奖惩。并制定相关工作制度，报酒店财务部备案。

二、对餐品出品速度进行规定。从落单时算起20分钟内必须出餐（除满座及特殊情况）未出餐给予处罚30元。平均5分钟要出一道菜，未出处罚30元，造成顾客投诉（餐品出现异物，不好吃）给予厨房处罚30元，加上菜品的金额。发错菜、重菜情况给予处罚20～60元，按餐品价格的80%买单。

三、厨房对采购回来的食品质量检查不合格签收的负全部责任，并处罚30～100元。针对菜价不合理，做到及时向采购反应，采购承担全部责任，保证物美价廉。如卫生相关监督部门检查过期或不合格的食品及厨房餐具不达标，造成的处罚厨房承担50%的责任。

四、未落单厨房自行出餐，按餐品价格10倍对主管进行处罚。

五、按营业额定员定岗。月营业额达到35万元定员16人，人均工资2800元/人，月营业额30～35万元定员14人，人均工资3000元/人。月营业额25～30万元定员12人，人均工资3200元/人。月营业额20～25万元定员10人，人均工资3200元/人。月营业额20万元以下定员8人，人均工资3500元/人。

六、毛利润（毛利润=营业额-直接成本）必须达到50%以上，

未达到按实际测算额，由厨房承包人及员工各自承担50%。

七、厨房承包人依据营业额，实行绩效奖罚。营业额超过25万元按超出部分的5%奖励。营业额未达到20万元，按未达到差额的5%处罚。

八、厨房做好划定卫生区的卫生，保持经常性的清洁，检查卫生不合格或引起居民反应不能及时整改，给予处罚100元。

九、厨房内卫生保持常态清洁，不留死角，如卫生监察部门检查发现不合格，给予罚款及整改造成的损失由厨房全部负责。

模板 厨房绩效考核评分办法

培训部员工绩效考核试行办法

一、考核目的

1.作为晋级、解雇和调整岗位依据，着重在能力、能力发挥和工作表现上进行考核。

2.作为确定绩效工资的依据。

3.作为潜能开发和教育培训依据。

4.作为调整人事政策、激励措施的依据，促进上级的沟通。

二、考核原则

1.本部门正式聘用员工均应进行考核，不同级别员工考核要求和重点不同。

2.考核的依据是公司的各项制度，员工的岗位描述及工作目标，同时考核必须公开、透明、人人平等、一视同仁。

3.制定的考核方案要有可操作性，是客观的、可靠的和公平的，不能掺入考评人个人好恶。

4.提倡考核结果用不同方式与被评者见面，使之诚心接受，并允许其申诉或解释。

三、考核内容及方式

1.工作任务考核（按月）。

2.综合能力考核。

3.考勤及奖惩情况（由行政部按照公司内部管理制度执行考核）。

四、考核结果的反馈

考绩应与本人见面，将考核结果的优缺点告诉被评人，鼓励

其发扬优点、改正缺点、再创佳绩。

五、填写程序

1.每月2日前，员工编写当月工作计划，经部门直接上级审核后报行政部；

2.月度工作评估统计表于当月30日上报行政部门，由本人填写经部门直接上级审核后交至行政部；

3.工作计划完成情况分完成、进行中、未进行（阶段性工作）三档，月末由本人根据实际选项打分，并在个人评价栏内给自己评分；

4.工作计划未进行、进行中（阶段性工作）项请在计划完成情况栏内文字说明原因。

5.季度末绩效考核统计表于季度末的30日上报行政部门，由本人填写经部门直接上级审核后交至行政部。

六、绩效工资考核标准

1.新入职员工考核期为5个工作日，考核期内无工资待遇。考核期过后进入试用期，试用期为一个月，试用期内享受基本工资。试用期结束后，经部门和公司评定暂时不能进入合同期者，公司将予以解聘或加试用期。试用期内无业务要求，若个人在试用期内完成未来合同期的月业务量，公司按照正式合同期的业务量核算试用期的绩效进行考核。但第二个月才能进入合同期，合同期内按照部门的绩效进行考核。

2.试用期内无业务量要求，试用期内提出辞职或因个人表现不佳被公司辞退者均按本月工资。

3.合同期内员工未按照程序（正常程序下，提前一个月书面

财务人员考核管理办法

第一章　总则

一、为理顺人员薪酬分配关系，合理评价财务人员的行为和绩效，以充分调动财务人员的积极性和创造性，结合公司实际情况，特制定本办法。

二、本办法适用于集团管辖范围内的全体财务人员。

第二章　考核管理

三、考核方式与内容

考核方式分为按月考核与不定期考核。按月考核的内容包括业务品质考核、服务品质考核和日常考核，整体评估满分为100分；不定期考核主要为业务技能考核。

四、具体考核办法

（1）业务品质考核

1.业务差错考核（分值40分）：由稽核（审监）人员按月审核凭证及相关会计资料，根据《业务差错类型表》及分值按月进行统计打分，并将打分结果报财务部门负责人或指定考核人员。

2.直接上级满意度考核（分值20分）：直接上级对被考评者的月工作的总体印象。对交办的工作按每次完成是否及时进行考核，发生一次完成不及时即扣2分，当月扣完20分为止。

（2）服务品质考核

1.周边满意度评价（分值10分）：在对外财务窗口设立"柜面服务意见簿"，集团相关部门业务人员或客户均可对财务人员的服务进行点评，每月财务部门负责人或指定考核人员依据"柜

面服务意见簿"的记载情况进行考核，每出现一次客户或业务人员对有关财务人员的不满意投诉，即对该人员扣减5分，当月10分扣满为止。

2.团队满意度评价（分值10分）：考评员工团队协作精神，是否能积极主动地配合财务相关工作，每月财务部门负责人或指定考核人员依据本部门员工相互打分结果进行考核。

（3）日常考核（分值20分）

每月财务部门负责人或指定考核人员依据财务人员的日常行为规范标准进行考核和评估，如有违反服务规范标准的，考核期内每发现一次即扣2分。具体内容包括：

1.工作纪律方面，如是否有违反财经纪律、违反公司保密制度等相关制度规定的言行。

2.仪容仪表方面，如上班时仪容仪表和着装是否符合公司要求和标准。

3.工作态度方面，如个人工作积极性、稳定性，是否具有亲和力等方面。

4.工作环境，如被考核者的工作环境是否整洁有序、综合感观是否良好？

（4）业务技能考核

人力资源部不定期针对财务人员进行业务技能考核，主要依据会计基础知识、财经法律法规、集团内控制度、会计电算化知识等编制考核试卷，试卷满分为100分，合格为60分，考试不合格者，给予扣发当月工资100元处罚。

五、薪酬的计算与发放

营销部绩效考核办法

为做好营销部基础管理，提升团队协同能力，更好的开展销售工作，参照公司绩效考核实施办法，特制定本办法。

一、每个员工工资的5%作为绩效工资，按月提留集中到年终按考核结果评级计发。

二、考核评级分四等：优、良、合格、不合格。

三、考核办法

（1）营销顾问考核办法

1.考核指标分业绩考核、服务考核、考勤考核、基本任务考核四项指标；

2.考核比重：业绩考核50%，服务考核20%，考勤考核10%，基本任务考核20%；

3.业绩考核中分为宣传业绩和回款业绩，两项指标权重各占50%；

4.服务考核中询问店铺详情服务占60%（能按照客户接待流程完成上门客户接待和电话来访）；客户服务占40%；

5.考勤考核参照公司考勤制度严格执行；

6.基本任务考核：由于营销工作的深入开展，每月工作重点将进行调整，为确保各项任务顺利完成，本部门所有人员全力配合。

（2）营销主管考核办法

1.考核指标分业绩考核、服务考核、考勤考核考核三项指标；

2.考核比重：业绩考核50%，服务考核30%，考勤考核20%；

3.业绩考核中分为宣传业绩和回款业绩，两项指标权重各占50%；

4.服务考核中询问店铺详情服务占60%（能按照客户接待流程完成上门客户接待和电话来访）；客户维系服务占40%；

5.考勤考核参照公司考勤制度严格执行；

（3）基层员工考核办法

1.考核指标分考勤考核、基础工作考核两项指标；

2.考核比重：考勤考核20%，基础工作考核80%；

3.考勤考核参照公司考勤制度严格执行；

4.基础工作考核：确保宣传资料准确、及时；做好每月宣传资料汇总；配合财务顾问做好回款工作；

四、考核与绩效工资的挂钩

年度综合考核为优秀的发提留绩效工资的200%；考核为优良的发提留绩效工资的150%；考核为合格的发放绩效工资的120%；考核不合格的，不发放绩效工资。

【模板】营销部绩效考核办法

利用指标做好餐饮企业的绩效考核

第4章

04

餐饮企业是比较特殊的一类企业，它为客人提供的是食品、酒水及供餐服务，看似内容简单方便管理。但提供的菜品是否可口卫生，服务人员的态度是否端正，都很难考核，所以需要设置关键指标来帮助管理者实施考核。

绩效指标的设置

从通俗意义上讲，绩效指标是用来评判企业员工、岗位或部门等业绩好坏的主要因素，也是绩效考核中的关键要素，内容包括员工的品德、工作绩效、工作态度等，以此来考核工作效率是否能达到企业标准。

4.1.1 餐饮企业关键绩效指标设置流程

关键绩效指标，又称 KPI（Key Performance Indicator），是把企业战略目标分解为可操作的工作目标的工具，也是企业绩效管理的基础。KPI 可以使部门主管明确部门的主要责任，并以此为基础，明确部门人员的业绩衡量指标。确定关键绩效指标一般要遵循下面的过程。

（1）建立评价指标体系

可按照从宏观到微观的顺序，依次建立各级的指标体系。

首先，明确餐饮企业的发展目标，找出餐饮企业的业务重点，并确定这些关键业务领域的关键业绩指标（KPI）。

然后，各部门的主管需要依据企业级 KPI，结合部门主要职责建立部门级 KPI。

最后，各部门主管和部门员工经过开会决议，将 KPI 进一步分解，形成员工考核的要素和依据。

例如，某餐饮企业的总经理为营运副总经理设置关键绩效指标，根据企业的经营发展规划，总经理觉得收入、推广和食品安全是最关键的因素。所以，为营运副总经理设置了绩效指标，如表4-1所示。

表4-1

序号	指标名称	计分规则
1	净资产收益率	1. 等于目标值，得10分。 2. 比目标值每提高5%，加1分。 3. 比目标值每降低5%，减3分。 4. 其余按线性关系计算
2	净利润	同上
3	主营业务收入	1. 等于目标值，得10分。 2. 比目标值每提高10%，加1分。 3. 比目标值每降低10%，减3分。 4. 其余按线性关系计算
4	新产品收入	1. 等于目标值，得10分。 2. 比目标值每提高5%，加1分。 3. 比目标值每降低5%，减3分。 4. 其余按线性关系计算
5	品牌推广	1. 大于等于目标值，得满分。 2. 小于目标值的80%，不得分。 3. 其余按线性关系计算
6	安全生产	1. 大于等于目标值，得0分。 2. 小于目标值，得满分

从表4-1可以看出绩效指标确定后，需要对应的计分规则才能起作用，而计分规则往往要与目标值进行对比，然后计算最后得分。

（2）设定评价标准

一般来说，指标指的是从哪些方面来对工作进行衡量或评价，标准是指在各个指标上分别应该达到什么样的水平，如上例所示的目标值。将实际完成的业绩"多少"和工作"怎样"，与目标值相比较，才能对员工进行评价。

（3）核查关键绩效指标

对关键绩效指标进行审核主要是为了确认设置的关键绩效指标是否合理、有效、全面、客观的反映员工的工作绩效。这是设置绩效考核指标的最后一步，但也是非常关键的一步。

4.1.2 如何设置绩效考核指标

绩效指标是绩效考核中一项非常重要的内容，管理者要如何设置绩效考核指标呢？图 4-1 所示为设置绩效考核指标的 6 个步骤。

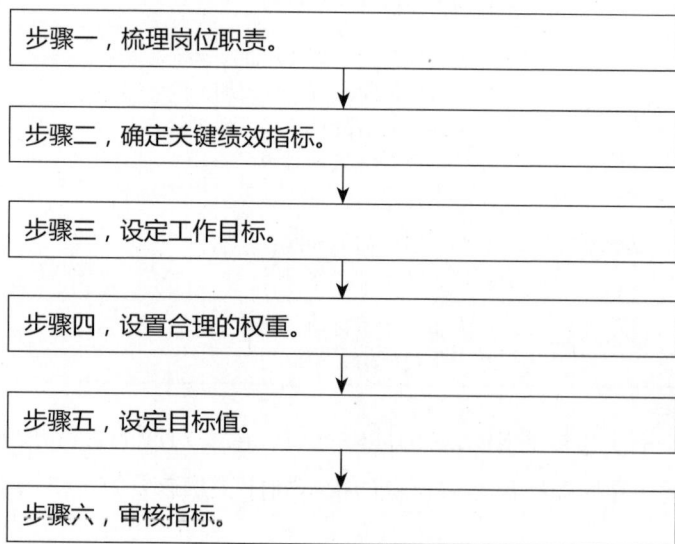

步骤一，梳理岗位职责。

步骤二，确定关键绩效指标。

步骤三，设定工作目标。

步骤四，设置合理的权重。

步骤五，设定目标值。

步骤六，审核指标。

图 4-1

下面来看看这六大步骤的具体内容。

◆　步骤一：梳理岗位职责

首先梳理岗位的工作内容及工作任务，通过各种方法，将岗位基本信息、员工姓名、工号、薪酬等级、薪酬结构等内容整理出来。

◆　步骤二：确定关键绩效指标

根据公司发展目标、员工的岗位职责，提取关键绩效指标。在制定关键绩效指标时要注意选择关键职责，过程中要多与下属沟通，这样制定的关键绩效指标才会得到下属的认可。一般来说，关键绩效指标的数量通常控制在 4 ~ 8 个，如下例所示。

某餐饮企业餐饮部主管的关键工作内容是食材成本控制、考察出勤、检查卫生状况、减少劳动力成本。人力资源部与其互相沟通，制定了以下的关键绩效指标：

合理进行食材的采购，使采购成本降低 5%。

日出勤率达到 98%。

卫生情况达到 99 分。

合理管理员工，使劳动力成本降低 5%。

◆　步骤三：设定工作目标

由于各岗位工作的性质不同，所以不是所有的岗位都可以用量化的关键绩效指标来衡量，在这种情况下，管理者要如何制定绩效计划呢？此时可以通过设定工作目标，作为对关键绩效指标的补充。在设定工作目标时需要注意以下一些问题。

①注意顺序性，能够用关键绩效指标衡量的，就用关键绩效指标衡量。

②注意侧重性，只选择有价值的关键工作领域。

③工作目标不宜设定过多，一般控制在 3 ~ 5 个。

④工作目标不宜重复，最好是针对不同的工作面。

◆ 步骤四：设置合理的权重

权重是绩效指标的关键，不能随意设置，而要结合岗位特征、工作环境及同行业参考等进行分析，确定关键绩效指标或工作目标的重要程度，从而设置合理的权重，可参考以下一些方法。

①设置通用类指标的权重时，应体现一致性，如客户满意度、员工流失率、卫生情况等指标的权重，各部门应设置的差不多，不能餐饮部的员工流失率设置为 3%，而楼面部的员工流失率设置为 10%。

②权重的数值设置最好不要小于 5%，否则该项关键绩效指标不会对绩效结果产生较大的影响。当然也不能一概而论，在设置时要考虑实际的情况，最好以 5% 的比率进行增减。

③各项指标的权重相加应为 100%。

◆ 步骤五：设定目标值

绩效计划中的指标值是一种参照标准，用来衡量被考核者的工作是否达标，最好由考核者和被考核者双方共同确定。设定目标值时最好先参考一些已有的市场资料，或者其他同行业公司的情况，并根据企业自身情况予以调整。

除了设置目标值外，有的企业还会在绩效计划中设置挑战值，挑战值是考核者可完成的最高期望值，员工达到的可能性不高，所以挑战值只是在目标值的基础上设置的一个数值，所以挑战值比目标值更严苛。比如为餐饮部推广销售的员工设置关键绩效指标——进行菜品推销使销售额增长 5%，可以接着设置挑战值为进行菜品推销使销售额增长 7%。

◆ 步骤六：审核指标

设置完绩效计划考核指标后，还需要进行审核，才能最终确定下来。首先审核相同岗位的关键绩效指标是否统一；其次根据企业发展目标和经营计划，检查各分目标能否保证公司整体发展计划的实现。

4.1.3　设置绩效指标的常见问题

对于很多新手管理者来说，在制定绩效考核指标时，不一定能够一次成功。很多时候，可能会出现效果不理想的情况，往往需要重新改进整个指标体系。下面来看看新手管理者在设置绩效考核指标时的常见问题。

◆ 问题一：指标单一

简单来讲，就是一个绩效指标不足以诠释企业某方面的工作目标。比如很多企业的利润指标和销售量总是相辅相成的，如果只设置二者之一，则对企业利润的考核效果不明显。

比如某餐饮企业门店店长根据企业总的经营目标，设置了门店的经营的绩效指标：日营业额。在 5 月末，企业日营业额呈增长趋势，但由财务部的核算来看，企业的利润却没有明显的增长。

门店店长重新审查时发现，虽然 21 日的营业额高于 20 日的营业额，但由于 21 日的素菜订单量极大，所以影响了利润。可见营业额的多少并不能直接反映经营利润。

再比如，从市场规模来看，企业营业额有所增长，但是市场占有率反而下降了。这种情况也是餐饮企业管理者要注意的问题，一旦发现就要及时处理，以免造成较大的损失。

◆ 问题二：指标过多

很多管理者在设计餐饮企业绩效指标时，为了保证指标体系的全面，往往将很多指标杂糅在一起，虽然不会出现指标单一的问题，不过非核心指标过多，同样会降低绩效考核的效果。

一般情况下，核心指标多为短期业绩评价，如营业额额、订单量、费用、市场占有率等。而非核心指标多为中长期发展潜力评价，如加盟店数量、销量、流失率、满意度等。

将核心指标和非核心指标混合在一起，使核心指标得不到应有的突出和重视。而且指标过多也会导致考核人员工作量过大。

◆ 问题三：指标非关键

考察餐饮企业工作目标的绩效指标不止一个，很多没有经验的管理者，可能会忽略最关键的指标，而导致绩效考核的效果不明显。

比如某餐饮企业营销部门的主管根据企业年度发展目标，制定本部门的绩效指标，将客户来访量作为营销业绩的考核指标。营销人员通过传单、微博发布等方法成功将企业的知名度提了上去，客户来访量也陡然增加。但是，企业的门店数量却并没有过多的增长。

所以营销部主管重新制定绩效指标体系，不仅将客户来访量作为绩效指标，还加入客户签约率作为关键绩效指标，这样能明显知道营销效果。

◆ 问题四：本末倒置

有的管理者过分追求绩效指标的完美，而本末倒置。比如，在餐厅进行促销活动时，临时加入考核，将促销活动前发放传单的数量、宣传海报设计等都列为具体指标。这样当一项指标约束条件过多时，会加大员工完成工作的难度，管理者也会难以管理。

◆　问题五：指标不连贯

企业的指标体系不是互相分离的，而是由总目标不断向下分解的，所以管理者在分解指标时，一定要考虑到上级的目标任务。比如，对门店的服务满意度进行考核，但是门店店长没有将该指标细分到门店各岗位，及各服务人员。

◆　问题六：指标不客观

管理者在设计绩效指标时，一定要结合企业和部门的实际情况，不要好高骛远，制定一些不切实际的绩效指标，导致企业资源紧张。比如，管理者将绩效指标的数值设计得过高，员工自然会要求企业提供更多的资源（人手、资料、资源）帮助完成指标。但是企业的资源毕竟有限，这样最后的责任就要由双方承担，而绩效考核的作用就大大降低了。

4.2
KPI 的应用与设计方法

KPI 是绩效管理、目标管理和组织设计的重要依据，管理者在清楚了构建 KPI 体系的步骤后，对于如何应用 KPI 体系往往非常迷茫。另外，对于 KPI 体系的设计方法也没有具体的了解，下面来谈谈这两个方面的具体内容。

4.2.1　KPI 的工作应用

对于刚开始进行绩效考核的餐饮企业，在 KPI 体系的建立过程中，要清楚 KPI 体系并不是我们工作目标的全部，更重要的是通过对关键绩效指标的讨论、沟通，管理者和员工都明确自己的岗位价值，努力达成工作目标，进行工作效率的改进。

那在实际工作过程中，如何应用 KPI 来改进我们的工作呢？

◆ 借助 KPI 确定目标

部门管理者给下属制定的工作目标是依据部门 KPI，部门 KPI 是依据公司 KPI 来制定的，这样才能保证每个岗位目标都朝公司整体目标发展。另外，KPI 能反映部门或员工的业绩贡献度，衡量目标实现程度，基层员工的 KPI 应以对部门关键业绩指标的贡献度来进行设计。

由于任务阶段不同，员工工作的重点也会有所差别，所以 KPI 存在阶段性、可变性或权重可变性，因此不同职位的业绩指标权重要根据部门的阶段性目标而变化。

◆ 依据 KPI 进行绩效改进

绩效考核是绩效管理循环中的一个重要环节，通过绩效考核餐饮企业管理者要实现绩效改进和价值评估两个目的，而 KPI 则是基础性依据。

通过对 KPI 的了解，员工能明白自己的职责和改进的方向，管理者也能有针对性的分配工作和制定目标。

◆ 通过对 KPI 的讨论使部门目标与员工目标一致

管理者在就 KPI 与员工进行沟通时，可以加强对员工的指导，了解员工的心理、工作状态，记录员工的工作数据，使部门目标与员工目标保持一致。

◆ 通过 KPI 来体现阶段性绩效考核的过程

定量的 KPI 可以通过数据来展现绩效考核成果，而定性 KPI 可通过对事实的描述展现考核情况。

考核初期。 部门主管根据企业 KPI 制定部门工作目标，并根据目标的侧重明确相应的权重。然后根据部门和岗位的 KPI，将目标分解落实到具体责任人，并通过与管理者沟通达成共识。

考核过程中。 如果员工的工作与实际工作目标发生了偏差，管理者可根据 KPI 对工作责任人进行沟通、辅导。

工作总结时。 部门主管和员工可根据绩效指标对自己的工作进行总结，阐述自己对部门的业绩贡献。

4.2.2　KPI 的设定方法

在了解了设置关键绩效指标时容易存在的误区后，管理者还可以通过一些有效的方法帮助自己更快更准确的设置绩效指标。常见的有价值树分析法和鱼刺图分解法。

（1）价值树分析法

价值树模分析法是在指标之间寻找对应的逻辑关系（工作流程、工作阶段），在价值树模型上分阶段列出公司的工作目标，及其对应的 KPI。

价值树分析法可以通过表格和图示的方式进行展示，其中的关键因素有企业战略目标、企业关键绩效指标、工作流程、流程绩效指标及可能涉及的部门。表 4-2 所示为某餐饮企业菜品推出能力绩效指标分解表。

表 4-2　菜品推出能力绩效指标分解表

战略目标	关键绩效指标	工作流程	流程绩效指标	涉及部门
提高企业推出新菜品的能力	新菜品推出周期	市场口味调查	1. 调查及时率。 2. 地区有效率	营销部
		研制管理流程	1. 研制周期。 2. 试菜一次。 3. 市场认可率	餐饮部
		中试管理流程	1. 中试周期。 2. 中试口味数量。 3. 市场认可率	餐饮部

（2）鱼刺图分解法

鱼刺图是一种发现问题"根本原因"的方法，其特点是简捷实用，深入直观。KPI 鱼刺图分解法就是将最终的目标按鱼骨排列的方法一层层分解下去，如下例所示。

某餐饮企业共拥有员工 3 000 人，在 2019 年门店总营业额达到 3 亿元，随着餐饮市场竞争日益激烈，很多餐饮企业都在不断创新，以期得到更大的市场占有率。所以该企业一方面在菜品上不断推陈出新，另一方面打算更加科学的对企业结构进行管理。

该企业邀请了专业的绩效管理团队帮助公司设计绩效管理方案及绩效指标。该绩效管理团队在对企业进行全方位的了解后，运用鱼刺图分解法提取 KPI。

首先，该团队从财务、客户、内部运营和发展 4 个维度明确了企业的战略目标重点，然后依次分解这 4 个维度的战略目标。从企业发展来看，可按图 4-2 所示进行分解。

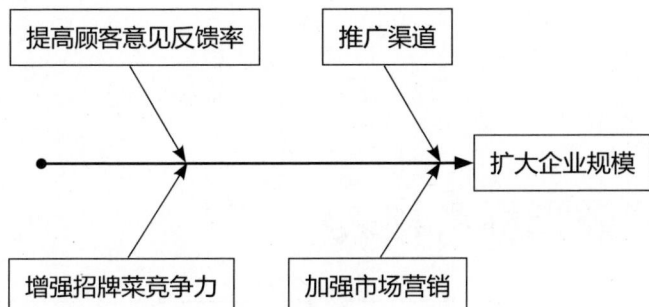

图 4-2

依据上图所示的 4 个主要任务目标，又可以提取出更加具体的 KPI，如图 4-3 所示。

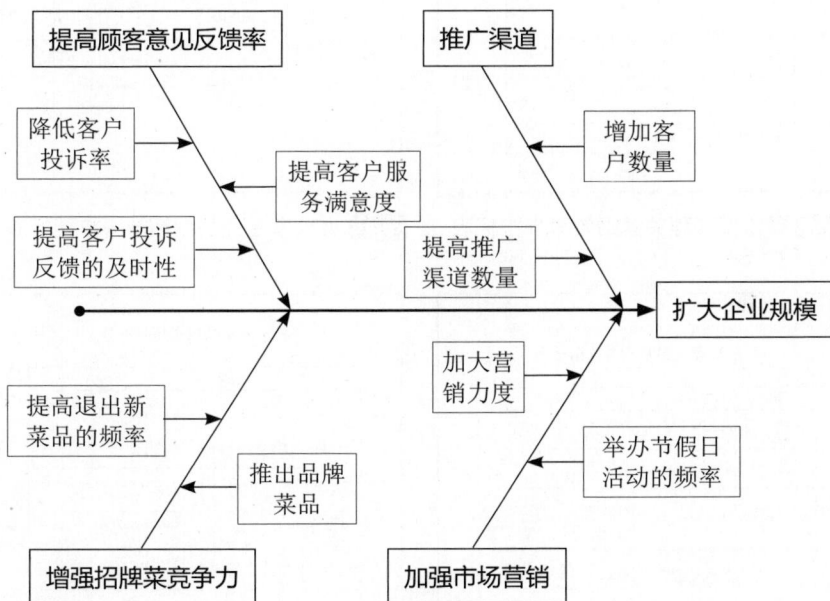

图 4-3

提取了公司级 KPI 之后，该团队再指导各部门管理者进一步分解岗位 KPI，结合员工岗位职责及工作计划进一步筛选 5 ～ 8 项 KPI 用于考核员工，并设计合适的 KPI 权重。

4.3

关键绩效指标考核表

餐饮部经理关键绩效考核指标表

序号	KPI指标	权重	绩效目标值
1	餐饮营业额	15%	考核期内餐饮营业额达到( )万元
2	部门GOP值	15%	考核期内餐饮GOP值达到( )万元
3	餐饮销计划达成率	15%	考核期内餐饮销售计划实现率达100%
4	餐饮经营成本节省率	10%	考核期内餐饮经营成本得到有效控制,费用节省率达( )%以上
5	菜品出品率	10%	考核期内菜品出品率达( )%以上
6	客人投诉解决率	10%	考核期内客人投诉解决率达100%
7	客人满意度	10%	考核期内客人对餐饮服务满意度评分达到( )分以上
8	设备设施完好率	5%	考核期内设备设施完好率达( )%以上
9	卫生清洁达标率	5%	考核期内卫生清洁达标率为( )%
10	部门员工技能提升率	5%	考核期内下属员工工作技能提升率达( )%以上

表单 餐饮部经理关键绩效考核指标表

办公室主任关键绩效考核指标表

序号	指标名称	说明	计分规则	数据来源
1	质量体系建设	做好本部门质量管理工作,配合公司做好内审、外审	事业部总经理直接评分,评分范围:0~100分	经营办
2	服务满意度	本部门职工地满意程度	同上	根据本部门职工调查
3	规范管理	通过各项制度的制定和实施,使管理规范化	同上	
4	文档管理	保证公文的及时处理和有序管理	同上	部门相关纪录
5	五项费用(招待费、通讯费、交通费、办公费、电话费)控制	严格按预算和制控制非生产性费用的支出	1.=预算值,得100分;2.每超过预算值5%,扣10分;超过30%,不得分;3.每低于预算值5%,加10分;最高140分;4.其余按线性关系计算	财务部报表

表单 办公室主任关键绩效考核指标表

后勤管理关键绩效考核指标表

KPI	考核目的	绩效标准
办公用品采购的及时性、合理性	确保公司的正常运转	所需办公用品未能及时供应的次数不超过( )次,采购价格高于正常合理价格不超过( )%
办公用品发放的准确性和有序性	确保办公用品准确及时地发放	办公用品发放登记漏记次数不超过( )次,错误发放次数不超过( )次
水、电、气、电话等日常管理的及时性和准确性	保证公用设施的正常运转	因管理不善而造成使用中断的次数不超过( )次,延时处理的次数不超过( )次,近安各种费用欠费不超过( )次,交接明细数不超过( )次,台帐登记( )的准确率不低于( )%
日常福利工作的合理性和计划性	提高员工工作积极性,体现公司对员工的关怀	是否有日常福利发放的计划,应发未发的次数不超过( )次,因福利发放不当而遭员工投诉的次数不超过( )次

表单 后勤管理关键绩效考核指标表

秘书关键绩效考核指标表

KPI	考核目的	绩效标准
公文起草的及时性和准确性	提高公文质量	没有按时起草好公文的次数不超过( )次,出错不超过( )处
会议记录的准确性	建立完整的会议过程档案	对重要的漏记不超过( )处,漏记会议次数不超过( )次
会议纪要制作的及时性和准确性	通过完整的会议纪要,及时向外传达会议内容	没有按时制作会议纪要的次数不超过( )次,纪要出现错误的次数不超过( )次
日常文书工作的准确性、及时性	提高文书管理的水平	依函的处理不当次数不超过( )次,文件的传递期间办失误次数不超过( )次
印章、公文印、介绍信使用的准确性、合理性	严把印章、介绍信使用关,避免重大失误的发生	印章使用次数不超过( )次,或为"否决性指标",介绍信使用不合理的次数不超过( )次
打字复印工作的准确性、及时性	提高工作效率	打字出错率不超过( )处,打字复印未及时完成的次数不超过( )次

表单 秘书关键绩效考核指标表

厨房洗碗工关键绩效考核指标表

姓名： 岗位/职务： 部门名称：

考评内容	关键绩效指标	考评标准	分值	初评	复评	终评
工作考核（70分）	工作态度（20分）	1.有责任心，能够完成任务，可以交代工作。	6			
		2.服从上级安排的各项工作。	7			
		3.任劳任怨，有团队合作精神。	7			
	工作能力（20分）	1.认真贯彻执行食品卫生法。	6			
		2.如事不慎造成损失浪费，控制在零。	7			
		3.私自动、拿食物控制在零。	7			
	工作效率（30分）	1.不浪费时间，不得停工，交付工作抢先完成。	10			
		2.熟悉本岗位工作职责，做到餐具真洗清洗、消毒。	10			
		3.根据洗涤能分步骤、按程序洗碗，保证餐具完整无损、破损率为最低。	10			
纪律考核（30分）	劳动纪律遵守情况（30分）	1.按人力部门调整要求，参加培训率不少于90%。	10			
		2.培训和考试成绩及格率不低于99%。	10			
		3.在枘期内，请假不超过4次，不超8天，包括婚、丧、产假和病、事假及调休假。	10			
合计	100分		100			

审核者签名： 职务： 日期： 被考评者签字确认：

表单 洗碗工关键绩效考核指标表

采购部关键绩效考核指标表

序号	指标名称	说明	计分规则	数据来源
1	采购成本预算超支率	=采购实际成本/采购预算成本	1.=目标值，得100分；2.>目标值的30%，不得分；3.比目标值每降高5%，减10分；4.比目标值每减少5%，加10分；5.其余按线性关系计算	财务部
2	采购产品质量合格率	采购产品符合生产经营质量要求	1.=目标值，得100分；2.>目标值的70%，不得分；3.比目标值每提高5%，减10分；4.比目标值每提高5%，加10分；5.其余按线性关系计算	店管部
3	供货及时率	满足生产要求，防止生产经营中断	1.每超过一天，减5分；2.超过10天，不得分	店管部、中心厨房、单店
4	存货资金周转率	降低成本、控制采购资金占用	1.=目标值，得100分；2.>目标值，不得分；3.比目标值每提高5%，减10分；4.比目标值每提高5%，加10分，最高120分；5.其余按线性关系计算	财务部报表
5	采购账务差错率	应付账款出现逾期、错误的次数	1.=0，得100分；2.>0，不得分	财务部
6	采购信息管理	统计报告及时性、采购价格信息、供应信息及违建合理性	由上级主管领导直接评分	经营办本部门门记录

表单 采购部关键绩效考核指标表

餐厅领班关键绩效考核指标表

姓名： 岗位/职务： 部门名称：

考评内容	关键绩效指标	考评标准	分值	初评	复评	终评
工作考核（70分）	工作态度（20分）	1.热爱本职工作，热爱公司，有热心的工作态度，具有很好对团队合作精神。	6			
		2.能以身作则，严于律己，自觉遵守公司的各项规章制度，按章办事。	7			
		3.坚持公司行为规范，每月事假不超过1次，迟到、早退不超过两次，补休除外。	7			
	工作能力（20分）	1.组织学习公司下发的各项规章制度和文件，在7天内完成并将考核结果报告上级领导。	6			
		2.能够调动下属员工的积极性，打造一支优秀团队，人员流动率控制10%左右，且不高于15%。	7			
		3.做好与其他部门的沟通，解决好员工之间的思想问题，人员满意者为最好，不满意或有安排者为零。	7			
	工作效率（30分）	1.对各种顾客，安全要以真落实人员安排，客人人数、开餐时间、检查岗亭自查情况。	10			
		2.每月至少组织一次例会，对员工工作进行点评，并将会议记录报上级领导。	10			
		3.了解每天预定餐的情况及特别注意事项。	10			
财务考核（30分）	成本费用（30分）	1.晚上最后一个下班时要关闭电脑、电灯和空调及饮水机。	10			
		2.离开前窗超过10分钟时要关闭电灯和电扇。	10			
		3.员工活动经费不超出全年预算总额的10%	10			
合计	100分		100			

审核者签名： 职务： 日期： 被考评者签字确认：

表单 餐厅领班关键绩效考核指标表

厨房厨师长关键绩效考核指标表

姓名： 岗位/职务： 部门名称：

考评内容	关键绩效指标	考评标准	分值	初评	复评	终评
工作考核（70分）	工作态度（20分）	1.带动团队共同开发新菜系，每月推出至少三款新菜。	6			
		2.公司的规章制度为重，不无故外出、早退、请假等，出勤率到98%。	7			
		3.服从上级的领导，个人利益服从公司利益。	7			
	工作能力（20分）	1.组织厨师认真完成各项保障活动。	6			
		2.妥善处理财务人员安全，防火知识及突发事件及时反映。	7			
		3.做好现有的工作有限的技术与经验。	7			
	工作效率（30分）	1.巡视检查厨师的工作情况，合理安排人力与技术力量，统筹各项工作。	10			
		2.与餐厅保持良好关系，每周与餐饮总厨一起调查了解市场信息，掌握菜谱合理定价以保持较好转好期。	10			
		3.合理使用原材料、把好质量关、减少耗损，降低成本在35%左右，最高不超过40%	10			
财务考核（30分）	成本费用（30分）	1.不能用公司电话打私人电话或工作无关的电话。	15			
		2.双面使用打印纸和账单，原件除外。	15			
合计	100分		100			

审核者签名： 职务： 日期： 被考评者签字确认：

表单 厨师长关键绩效考核指标表

人力资源部经理关键绩效指标表

KPI	考核目的	绩效标准
人力资源部工作的计划性	提高人力资源部工作开展的有序性	有无年度、季度工作计划,上级审核发现所制定计划中缺失的重要内容不超过()处
人力资源部工作的完成率	确保人力资源部各项工作计划得以完成的成效	逐条核实计划是否如期完成、已完成的工作项数/计划的工作总项数比例不小于()%
制定的人力资源发展战略规划的质量	保证人才发展战略与总体战略的匹配	提交的人才发展规划与公司总体战略的条数不超过()条
提出组织结构改进方案和岗位职责设计方案的有效性	确保提出的组织结构改进方案和岗位职责设计方案贴合公司实际	提出的组织结构改进方案和岗位职责设计方案不符合公司发展规划的条数不超过()条
各项人力资源管理制度的全面性与可行性	提高人力资源各项管理制度的编制水准	各项管理制度条款出现遗漏或失误的条数不超过()条
工作分析、单位评价的合理性与定岗定编工作的科学性、合理性	用科学的方法、结合公司的实际情况,调动员工的工作积极性	工作分析、职位评价均与定岗定编工作满意度不低于()%,出现不合理之处不超过()处
员工招聘、选拔与任用工作的客观公正性	保证科学选人、正确用人	在招聘、选拔与录用中受到合理投诉次数不超过()次
员工奖惩方案的有效性	确保员工行政奖惩方案得到顺利实施	因方案知识的不合理而未能有效执行的处数不超过()处,或为"否决性指标"
工资、福利计划及员工薪资调整方案的合理性	保证员工所得得报酬基本反映员工业绩	员工对工资、福利计划与薪资调整方案的不满意率不超过()%

表单 人力资源部经理关键绩效考核指标表

档案管理关键绩效考核指标表

KPI	考核目的	绩效标准
档案管理工作的计划性	加强档案管理,提高档案管理的水平	有无档案管理工作计划,上级审核发现所制定计划中缺失的重要内容不超过()处
起草公司档案管理制度的准确性、合理性	使档案管理规范化、经常化	起草的制度在审核时发现的明显问题不超过()处,档案管理制度在实际操作中发现不合理之处不超过()处
档案归档分类的科学化、合理化	提高档案管理的水平、科学进行档案分类,提高查阅速度	上级检查时,发现档案分类存在不合理之处不超过()处
公司文件、资料档案管理的及时性、稳妥性	提高公司的管理水平,做到有据可循、有据可查	未有及时对文件进行归档的次数不超过()次,遗漏、错误的档案数不超过()次,发生文件资料丢失的次数不超过()次,关键需保密档案资料丢失不超过()次,或为"否决性指标"
合同归档的及时性	及时了解公司动态,准确掌握将要或正在签定的合同,做到及时归档	对签定完的合同未能及时归档的次数不超过()次
合同管理的稳妥性	提高合同管理的水平	发生合同丢失的次数不超过()次,或为"否决性指标"
提供档案查阅的及时性、准确性	发挥资料档案的作用,为公司的各项活动提供档案支持	对公司其他部门合理的阅档申请未能给予及时配合的次数不超过()次,提供的档案的准确率不低于()%

表单 档案管理关键绩效考核指标表

薪酬管理关键绩效考核指标表

KPI	考核目的	绩效标准
了解员工对公司考核体系运行的意见和建议的程度	为进一步改进考核体系提供支持	收集员工对公司考核体系运行的意见和建议的条数不少于()个
提出的公司考核体系改进方案的质量	保证考核体系改进的有效性	改进方案中重要条款就要率不低于()%
年度考核指标建设报告的合理性	提高建设报告中考核指标设计的合理度	被采纳的考核指标的数占提出的指标总数的比例不低于()%
指导部门制订的及时性	保证部门制订内会计,合理地分配到各个岗位	未能及时对部门进行指标分解的次数不超过()次
岗位绩效综合考核表设计的合理性	提高岗位绩效综合考核表的完善程度	主要考核项各岗位综合考核表中的缺失率不超过()%
岗位绩效考核表编写的有效性	确保各部门门工资奖、公正等岗位绩效考核表的及时性	各部门门填写的岗位综合考核表的差错率与提出岗位时对应)
员工绩效考核工作的及时性	督导员工的绩效考核工作如期完成	员工定期绩效考核工作未能按时完成的()
考核见现处果计算的准确性	准确计算各部门门及每个员工的考核见现结果	各部门按与个员工的考核见现结果差错率不超过()%
考核分析报告的全面性	提高考核分析报告的完整程度	考核分析报告中出现遗漏的条数不超过()条
奖金、福利发放办法与公司激励目标的一致性	本着公司对相激励重点进行有效激励	部门经理理对资金发放办法及福利发放办法提出意见的条数不超过()条
员工工资表编制的准确性	准确地发放员工工薪	所编制的工资表出现遗漏的次数不超过()次,或成为"否决性指标"

表单 薪酬管理关键绩效考核指标表

厨师长月关键绩效考核指标表

KPI	考核目的	绩效标准
档案管理工作的计划性	加强档案管理,提高档案管理的水平	有无档案管理工作计划,上级审核发现所制定计划中缺失的重要内容不超过()处
起草公司档案管理制度的准确性、合理性	使档案管理规范化、经常化	起草的制度在审核时发现的明显问题不超过()处,档案管理制度在实际操作中发现不合理之处不超过()处
档案归档分类的科学化、合理化	提高档案管理的水平、科学进行档案分类,提高查阅速度	上级检查时,发现档案分类存在不合理之处不超过()处
公司文件、资料档案管理的及时性、稳妥性	提高公司的管理水平,做到有据可循、有据可查	未有及时对文件进行归档的次数不超过()次,遗漏、错误的档案数不超过()次,发生文件资料丢失的次数不超过()次,关键需保密档案资料丢失不超过()次,或为"否决性指标"
合同归档的及时性	及时了解公司动态,准确掌握将要或正在签定的合同,做到及时归档	对签定完的合同未能及时归档的次数不超过()次
合同管理的稳妥性	提高合同管理的水平	发生合同丢失的次数不超过()次,或成为"否决性指标"
提供档案查阅的及时性、准确性	发挥资料档案的作用,为公司的各项活动提供档案支持	对公司其他部门合理的阅档申请未能给予及时配合的次数不超过()次,提供的档案的准确率不低于()%

表单 厨师长月关键绩效考核指标表

餐饮企业薪酬管理快速入门

05

在餐饮企业管理中，新手管理者常常会为了员工薪酬体系的设计而烦恼。因为管理者不仅要考虑员工的工资结构、岗位等级工资，还要考虑员工对薪酬管理的认可程度等。这些问题其实不难解决，只需管理者对餐饮管理有一个基本的了解，并结合企业自身特点，就能设计出理想的薪酬管理制度。

5.1
薪酬

薪酬管理是企业人力资源管理体系的重要组成部分，也是企业进行绩效管理的重要方式。一般来说，薪酬管理包括薪酬体系设计与薪酬日常管理两个方面。实施薪酬管理，首先要了解员工薪酬的基本含义及构成。

5.1.1 薪酬的含义和构成

从不同的方面来看，薪酬的含义可能各不相同。一般我们所说的薪酬是指员工作为雇佣关系中被雇佣的一方，向其所在公司提供所需要的劳动而获得的劳动报酬及福利之和。图 5-1 所示为薪酬的分类结构。

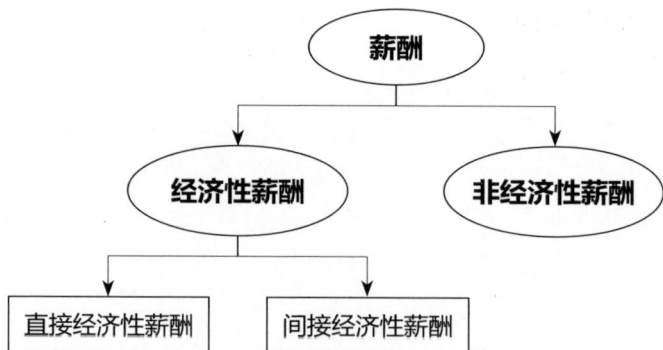

图 5-1

非经济性薪酬是指个人对工作本身或对工作在心理与物质环境上

的满足感；而直接经济性薪酬是企业按照一定的标准以货币形式向员工支付的薪酬；间接经济性薪酬不直接以货币形式发放给员工，但通常可以给员工带来生活上的便利、减少员工额外开支或者免除员工后顾之忧。表 5-1 所示为不同薪酬类别的具体内容。

表 5-1　不同薪酬类别的具体内容

类别	具体内容
非经济性薪酬	1. 工作认可。 2. 挑战性工作。 3. 发展、晋升机会。 4. 工作氛围、环境
直接经济性薪酬	1. 工资。 2. 奖金。 3. 津贴、补贴。 4. 股权、期权。 5. 职务消费
间接经济性薪酬	1. 五险一金。 2. 带薪休假。 3. 培训课程。 4. 节假日发放物品

薪酬构成是指薪金报酬的各组成部分在薪酬总体中的结构与比例。根据餐饮企业的职能侧重不同，薪酬的构成也会有所差异。一般来说薪酬构成包括基本薪酬、奖金、津贴和补贴等 4 个部分。

◆　基本薪酬

基本薪酬是企业员工收入的主要部分，具备稳定性，也是计算其他薪酬收入的基础。它通常是根据职工所在岗位 (职务) 的劳动质量以及本人的劳动能力与贡献周期性支付，有时薪、月薪和年薪等形式。餐饮企业内大多数员工都是领月薪，高级管理层可能以年薪计付。

◆　奖金

奖金是为了奖励企业内某些员工完成当期绩效标准，而在基本工资的基础上支付的浮动性的、具有激励性的报酬。一般被用于如下两个方面。

①对已完成的超额、超标准的绩效进行奖励。

②对预定的绩效目标进行激励。

简单地说，奖金的作用就是奖励和激励，其支付依据主要是绩效标准。表5-2所示的分别为绩效薪酬和激励薪酬的具体内容。

表5-2　不同薪酬类别的具体内容

奖金分类	具体内容
绩效薪酬	绩效薪酬是对员工超额工作部分或工作绩效突出部分所支付的奖励性报酬，通常随员工业绩的变化而调整。常见形式有"绩效加薪""一次性奖金"和"个人特别绩效奖"等
激励薪酬	激励薪酬是用来对预定的绩效目标进行激励的奖金，有短期的，也有长期的

加油站

激励薪酬与绩效薪酬有一定的区别。激励薪酬是一种提前将收益分享计划明确告知员工的方法，通常员工对于超额完成财务目标后所能得到的红利非常清楚，而绩效薪酬是以过去的突出业绩为重点。另外，绩效工资通常是在基本工资上进行添加，具有长久性，而激励工资是一次性付出。

◆　津贴

津贴往往是为了补偿在恶劣环境下工作的员工所给予的附加薪酬，是对员工健康和精神损失进行的补偿。比如餐饮企业中对从事夜班工作的人（保安、物业管理员）往往会给予津贴；或是对经常出差的人员（食材采购员、推广人员）会给予一定的出差津贴；以及会对经常在厨房工作的人员给予津贴，不过津贴在薪酬结构中所占的比例较小。

某餐饮企业分店新店开张，做为期一月的菜品促销活动，所以店内食客爆满，从中午 11 时开始一直到晚上 10 时才营业结束。而餐饮员工在营业结束后还要打扫卫生、收拾桌椅，要工作到晚上 11 时才能下班。

在新店开张后的第二周，很多员工对此显露出不满。店长观察到员工积极性不高后，及时改进薪酬方案，加入了"加班津贴"，如因工作原因无法安排休假，由各服务小组组长向店长申请发放加班津贴，每天 200 元。

这样一来，员工的工作积极性提高了不少，餐厅的营业额也不断提升。

◆　补贴

一般为了维持员工实际薪酬和生活水平或鼓励员工长期在公司工作而设置的，如物价补贴、工龄补贴等。

薪酬构成如图 5-2 所示。

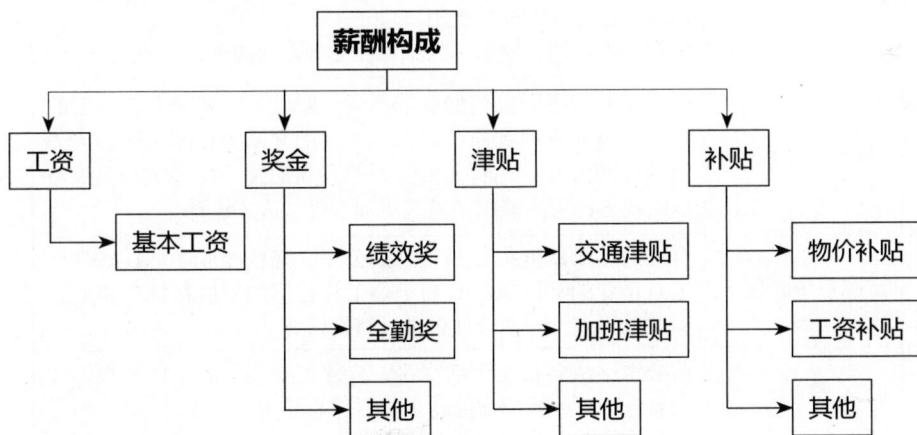

图 5-2

加油站

除了 3 类基本的薪酬构成，有的餐饮企业将福利（健康计划、补充保险、住房补贴）和股票期权也纳入了薪酬构成之中，有的企业还会根据员工个人的意见来设计福利。

5.1.2 薪酬的作用和支付依据

在了解了薪酬的含义和构成后，餐饮企业的管理者需要了解薪酬的作用，明白设计合理薪酬的重要性，才能进行科学的薪酬管理，如表 5-3 所示。

表 5-3　薪酬的作用

作用	具体内容
维持和保障	1. 员工通过劳动取得报酬来维持必要的生活资料，如衣食住行等方面的支出。 2. 员工通过体力或脑力消耗不断升级自己的资源，如学习、培训、进修等方面的支出。 3. 在个人生活、娱乐、旅游和社交等方面的支出
促进人才流动	由于企业内不同部门的职能不同，所以员工薪酬存在一定的差异，企业管理者通过调整不同部门之间的薪酬来促进人力资源合理流动，达到人力资源的最佳配置。如餐饮企业最看重厨政部，可高薪聘请高级厨师，促进人才流动
增强员工归属感	合理的薪酬制度可使员工感到公平，降低企业内耗，增强员工对企业的认同感，有利于员工将自己的发展目标与企业目标统一起来，方便管理者进行绩效管理
激励	薪酬水平决定员工生活水平，直接影响员工的工作积极性，只有合理分配薪酬才能让员工更尽心尽力地工作
优化劳动力资源配置	对于社会来讲，不同区域、行业、职位，其薪酬设计是不一样的，劳动力的供求关系会直接影响某地区的薪酬水平

员工薪酬的高低，可反映出其在社会的地位和价值，由于薪酬对

于我们每个人都有着十分重要的意义，所以企业及企业管理者不能随意支付薪酬，那么企业支付薪酬又是依据什么呢？

依据岗位。依据岗位价值付薪是大多数餐饮企业采用的方式，可通过岗位责任、岗位贡献、知识技能等体现岗位价值。当然这需要管理者或专业的机构对岗位进行分析与梳理，通过岗位评估反映其价值。

依据职务。依据职务付薪是对岗位付薪的简化，具有较大的局限性，职务一般只表达出层级，不能体现工作性质，如副总经理、主管等。

依据能力。依据能力付薪多指对有特殊技能的员工进行考量，结合他们的实际价值确定薪酬。如对技术人员要考量技能，对管理人员要考量管理能力。在进行薪酬设计时，也要注意从吸引知识型员工方面入手。

依据业绩。依据个人、部门、组织的绩效考核进行付薪。

依据市场。依据市场价值的多少进行付薪。管理者在设计薪酬体系前要进行市场调查并获得数据，最好设计具有竞争力的薪酬方案。

5.1.3　薪酬水平的决定因素

薪酬水平是餐饮企业薪酬体系的重要组成部分和薪酬战略要素之一。薪酬水平是指企业内部各类职位和人员平均薪酬的高低状况，它反映了企业薪酬的外部竞争性。它对员工的吸引力和企业的薪酬竞争力有着直接的影响。

在餐饮行业，同一地区、同一市场的企业，其薪酬水平也不会完全相同，影响薪酬水平的因素有很多，大致可分为 3 类：企业内部因素、社会因素和员工个人因素。

（1）企业内部因素

决定薪酬水平的企业内部因素包括以下几个方面。

◆ 企业规模：企业规模意味着其承担市场风险和财务风险的能力。企业规模大，员工薪酬水平就高且稳定；企业规模小，员工薪酬水平低且多变。

◆ 经营状况：企业是否营利会直接影响员工的薪酬水平，营利大的企业，薪酬水平有稳定的增幅；营利少的企业，薪酬水平相对较低。

◆ 发展前景：企业处于不同阶段，其薪资水平也会有所变化，处于成长期的企业，其薪酬水平往往较高；而处于成熟期的企业，其薪酬水平会比较稳定。

◆ 企业文化：企业文化不同，必然会导致理念不同，进而影响制度的设计，包括薪酬设计，也会间接影响员工薪资水平。

（2）社会因素

企业的薪酬水平必然会受到外部环境的影响，下面来看看具体有哪些因素呢？

◆ 地区经济。经济发达地区，企业的薪酬水平高；经济落后地区，企业的薪酬水平相对较低。

◆ 城市物价。不同城市，生活水平也会有所差异。同一餐饮企业，在上海和陕西的薪酬水平肯定是不一样的。管理者在确定薪酬水平时必须参照当地的物价。

◆ 劳动力市场的供求关系。员工的薪资水平与劳动力市场供求有很大的关系，供大于求，则薪酬水平低；供小于求，则薪酬水平高。

◆ 国家、地区法律法规。主要考虑最低工资制度、个人所得税征

收制度、强制性劳动保险等。如果某地区的最低工资为每月
2 000 元，则餐饮企业的管理者不能为员工设置每月 1 800 元
的基本工资。

（3）员工个人因素

当然除了客观因素，员工个人因素也会影响其薪酬水平，如表 5-4
所示。

表 5-4　影响员工薪酬水平的个人因素

因素	具体内容
业绩	员工的薪酬水平与员工工作绩效有直接关系，同岗位的员工，绩效好的薪酬水平自然就高
工作年限	一般规模较大的餐饮企业，往往会考虑员工的工作年限，以员工工龄设置其薪酬水平。比如工龄 20 年的比工龄 10 年的工资要高一个档次
员工能力	包括员工的工作技能和与工作相关的知识。对餐饮企业来说，菜品设计人才和料理人才是很重要的，所以企业愿意花高薪留住这些人才，当然其薪资水平就与普通员工不一样
工作量	管理者在设计薪酬的时候一般会考虑员工的工作量和工作时间，工作量大的，薪酬水平自然就高，反之则低
职权	岗位职权意味着其所在位置的责任，职权大，责任大，薪酬水平自然就高

5.2 薪酬管理

在了解一些常见的工资制度后，大家对薪酬管理有了简单的认识，
因此管理者要明确餐饮企业想要留住人才，就必须有科学系统的薪酬

体系。当然设计薪酬体系对管理者有很高的要求，所以管理者要不断提高自己，才能在日渐激烈的市场竞争中，帮助企业留住人才，不断发展。

5.2.1 薪酬管理及其目标

薪酬管理是在企业整体发展的目标下，对员工薪酬支付原则、薪酬方案、薪酬结构以及薪酬内容等进行设计和分配的过程。

薪酬设计是薪酬管理最基础的工作，主要是对薪酬水平、薪酬结构等方面进行设计。而薪酬预算、薪酬支付和薪酬调整是薪酬管理的重点工作，三者缺一不可，相辅相成。只有科学的薪酬制度才能让企业吸引和留住人才，增强企业竞争优势。

薪酬管理若要发挥作用，需达到三大目标：效率、公平、合法，如表 5-5 所示。

表 5-5　薪酬管理的目标

目标	具体内容
效率	1. 获利，从企业产出来看，薪酬能为企业带来最大价值。 2. 成本，从投入来看，要实现薪酬成本控制。 3. 总的来说其本质是用合理的薪酬成本给企业带来最大获利
公平	1. 分配公平，员工获得的薪酬应与其付出成正比；因为岗位职能不同，所以应根据具体贡献分配薪酬，注意一视同仁不是公平；根据行业、地区和规模分析，同类职务的薪酬应基本一致，否则会导致员工跳槽。 2. 过程公平，在进行薪酬管理时要严格按照薪酬方案实行，程序公开透明。 3. 机会公平，在设置薪酬体系及方案时要与员工沟通，考虑员工意见，让员工有同样的发展机会，最好有员工投诉机制

续表

目标	具体内容
合法	这是企业薪酬管理的基本前提，企业制定的薪酬制度要符合国家、地区的法律法规，如不能违反最低工资条例、法定保险福利、薪酬指导线制度等，或在设计薪酬时出现歧视女性员工的情况

达到效率和公平目标，就能发挥薪酬管理的激励作用，而合法性是薪酬设计的基本要求，因此，餐饮企业的管理者一定要正视这三大目标的重要性。

5.2.2　薪酬管理的具体工作

在对薪酬管理有基础认识后，餐饮企业管理者也要了解薪酬管理的具体内容，方便在日常工作中进行操作，主要有以下 3 项工作。

◆　工资总额管理

企业的工资总额管理不仅包括工资总额的计划与控制，还包括工资总额调整的计划与控制。根据国家统计局对工资总额的组成规定，工资总额主要包括以下内容。

工资总额＝计时工资＋计件工资＋奖金＋津贴和补贴＋加班加点工资＋特殊情况下支付的工资

对于餐饮企业来说，工资总额是人工成本的一部分。了解了人工成本，管理者才能控制成本，提高企业经营利润，所以对于管理者来说，统计核算工资总额是一项重要的工作。

◆　明确各类员工薪酬水平

明确界定各类员工的薪酬水平，保证劳动力与企业之间进行公平的价值交换。

管理者进行该项工作时，应遵循一项原则，即哪类员工对企业的贡献大，他得到的薪酬回报就应当愈多，哪类员工对企业的贡献小，他得到的薪酬回报就应当少。

◆ 确定薪酬管理制度

企业薪酬管理制度包括工资结构管理（确定不同员工的薪酬构成以及各薪酬项目所占比例)和薪酬支付形式管理(确定薪酬计算的基础：劳动时间、生产额和销售额等）。

不同企业的薪酬制度适用对象和范围会有所不同，管理者如何选择要考虑到企业发展战略和实际情况。

加油站

日常薪酬管理工作具体包括：开展薪酬调查，调查各类员工的薪酬状况，统计分析调查结果，制定年度员工薪酬激励计划，适时计算、统计员工的薪酬及薪酬调整，对报告期内人工成本进行核算。

至于薪酬管理的其他内容，主要包括表 5-6 所示的 5 点。

表 5-6　薪酬管理的其他内容

各项工作	具体内容
目标管理	主要考虑薪酬该如何支持企业发展，并满足员工需要
水平管理	薪酬水平要根据员工绩效、能力特征和行为态度时时调整，包括管理团队、技术团队和营销团队，或是调整子公司和外派员工的薪酬水平
体系管理	包括对基础工资、绩效工资和期权期股的管理，还包括对员工进行培训的管理
结构管理	主要是对薪级和薪等的划分，确定合理的级差和等差
制度管理	管理者在薪酬决策时应保证公开和透明化

5.2.3　薪酬管理中应避免的问题

对于新手管理者来说，容易陷入薪酬管理的误区，如果不注意避免这些问题，很可能会造成员工的不满，影响薪酬制度的建立，让薪酬管理的效果大打折扣。那么管理者常见的一些薪酬管理的误区有哪些呢？

◆　薪酬水平与市场水平差距较大

我们已知道，员工的薪酬水平设计需要依据市场薪酬水平。员工每月拿到工资的时候也会和同行业的人进行比较，如果自己每月只有 5 000 元的工资，而同行业的朋友每月有 8 000 元的工资，这对员工的心理造成非常大的负面影响。

如果企业的薪酬水平设计得比较低，又没有相应的晋升机制或是补贴、学习深造机会，则很难留住员工，所以一定要避免这种情况发生。

◆　薪酬设计不公平

薪酬说简单一点就是员工通过自己的劳动赚取的报酬，当然要遵循"付出多大，收获多大"的原则。如果员工发现自己为企业贡献的价值没有得到企业的回报，就会减少自己的投入，从而降低工作效率。

◆　工作分配不均匀

薪酬设计虽然重点在工资上，但工作分配也是非常重要的，直接影响薪酬设计的效果。如果同一部门的员工，有的员工忙得无法喘气，有的员工却无所事事，而最后所得还一样，一定是管理者在工作考核的设计上出了问题。

这样造成的后果就是降低员工的积极性，并且容易激发员工之间的矛盾，影响公司正常运营。

◆ 管理者与员工的薪资差距过大

如果管理者与员工的薪资差距过大，那么就要设计好相应的晋升机制，并且保证是可实现的，这样才能给员工积极工作的动力，否则会引起员工的不满。

◆ 随意调整薪酬制度

管理者在设计薪酬制度的时候要多方考虑，经过员工和领导者统一认定后，再在公司推行。若非特殊情况不轻易调整，如要调整也要将具体的理由和依据告知公司各部。

不过即使调整，次数也不能过多，否则会引起员工的质疑，影响薪酬制度的推行。

◆ 薪资计算有误，发放也不准时

有了薪酬制度以后，员工的薪资计算和发放都要依据制度来执行。如果出现薪资计算有误，发放也不准时的情况，会让员工质疑公司的薪酬制度，导致员工不信任公司。

◆ 公司的绩效设计不合适

绩效考核设计不合适会导致员工的绩效工资过高或过低，过高会影响企业的营业收入，过低会降低员工工作的积极性。

管理者在进行薪酬设计时，一定要避免以上一些问题，从多方面进行考虑，征求各层级员工的意见，设计出让大多数人都认可的薪酬制度。

5.2.4 薪酬管理职位及任职要求

很多企业的薪酬管理工作都是人力资源负责的，不过也有企业会特意安排人员与人力资源部协作进行薪酬管理工作。那么与薪酬管理相关的岗位及任职要求是什么呢?

（1）薪酬福利主管

薪酬福利主管主要负责企业中员工薪酬福利的各项日常管理工作。其直接上级是人力资源总监,直接下级是薪酬福利专员。其岗位职责和任职资格如表 5-7 所示。

表 5-7　薪酬福利主管岗位说明

岗位说明	具体内容
岗位职责	1. 协助人力资源经理制定企业的薪酬福利体系。 2. 不断修改和完善薪酬福利体系。 3. 定期收集市场薪酬信息和数据。 4. 根据企业相关薪酬管理制度以及企业员工的具体表现,审定员工的薪资以及奖金发放情况。 5. 根据员工岗位变动或升降情况,依据企业相关薪酬管理制度调整员工薪资。 6. 协助人力资源经理不断完善公司的激励机制,并提出合理化的建议。 7. 管理、监控公司人力成本。 8. 收集公司内外部相关信息,建立资料库,完成对行业薪酬福利的调查,为上层决策提供数据支持
任职资格	1. 人力资源管理或相关专业本科以上学历。 2. 具备 3 年以上人力资源管理工作经验,两年以上薪酬管理实施经验。 3. 熟知薪酬福利管理体系设计方法以及薪酬福利管理流程。 4. 熟练掌握人力资源专业绩效、薪酬福利等领域,了解现代企业薪酬福利体系,熟悉薪酬福利保险等方面的法律法规。 5. 具备良好的观察能力和学习能力。 6. 能承受较大的压力,工作认真负责。 7. 逻辑思维能力强,数字敏感度好,善于进行数据分析,具备良好的沟通能力和协调能力

（2）薪酬管理经理

薪酬管理经理主要协助人力资源总监制定薪酬考核管理办法，拟定年度工资、福利计划，计算员工薪酬。其直接上级是人力资源总监，直接下级是薪酬管理员，其岗位职责和任职资格如表5-8所示。

表5-8　薪酬管理经理岗位说明

岗位说明	具体内容
岗位职责	1. 及时了解国家有关工资、奖金、劳动保障及福利等的相关政策。 2. 协助部门主管拟定薪酬管理办法、奖金和福利标准，上报人力资源部总监审核。 3. 协助指导对公司薪酬福利制度体系的制定。 4. 负责根据公司各部门的人员需求和工资等级编制公司年度工资计划，并报人力资源部总监审核。 5. 根据考核成绩确定岗位工资等级的变动，并报部门主管审核。 6. 根据审核后的结果编制员工工资表，并报人力资源部总监审核。 7. 审核员工的考勤及各种休假并备案。 8. 负责员工奖金、津贴、补贴的登记和管理
任职资格	1. 教育水平：大学本科及以上学历，人力资源管理、经济管理等相关专业毕业。 2. 培训经历：公司内部规章制度培训、岗位知识培训、人力资源管理培训等。 3. 工作经验：3年以上同类企业人力资源工作经验。 4. 知识和技巧：熟悉薪酬管理内容，了解国家、地区及企业关于薪金制度、保险福利待遇等方面的法律法规及政策，熟练使用办公软件。 5. 个人能力：具有一定的计划能力、组织能力、协调能力、沟通能力、表达能力和分析能力

（3）薪酬管理员

薪酬管理员在公司薪酬制度的管理下，负责公司年度薪酬的计划、按月发放、监控和统计报表的编制、汇总及上报等工作。薪酬管理员的直接上级是薪酬管理经理，无直接下级，其岗位职责和任职资格如表 5-9 所示。

表 5-9　薪酬管理员岗位说明

岗位说明	具体内容
岗位职责	1. 负责薪酬统计报表的编制、汇总及上报。 2. 负责薪酬有关资料文件的起草、归档。 3. 收集薪酬、福利变化等相关数据。 4. 收集、审核、归档员工考勤，制作公司每月的工资报表，按时发放员工薪酬。 5. 部门预算项目的编制、控制及执行。 6. 进行薪酬数据分析与统计等工作，按时完成人工成本、人工费用的分析报告。 7. 完成员工各类人事手续办理，包括员工录用、离职手续办理及人事关系转移。 8. 办理员工养老、医疗等公司规定的各类社会保险。 9. 管理公司员工人事档案资料并及时更新。 10. 每月编制公司人员分类表，离职率分析表。 11. 制作保险缴纳报表。 12. 管理福利体系的日常事务
任职资格	1. 人力资源管理、企业管理、财务等相关专业本科以上学历。 2. 熟悉国家人事政策、法律和法规，薪酬福利管理和人力资源管理基础知识。 3. 一年以上财务工作经验。 4. 有较强的计划管理能力、数字分析能力和事务控制能力

5.2.5　餐饮企业薪酬主要内容

通过前面的学习，我们对企业员工薪酬的内容有了一定的了解，主要有以下几项。

- ◆ 以股份为基础的薪酬。
- ◆ 职工工资、奖金、津贴和补贴。
- ◆ 职工福利、社会保险、住房公积金。

◆ 工会经费和职工教育经费。

◆ 非货币性福利。

◆ 辞退福利。

◆ 其他方式的职工薪酬。

那么对于餐饮企业来说，管理者怎样安排员工的薪酬内容呢？一般来说，餐饮企业可根据不同职务性质，将企业的工资划分为行政部、前厅部、后厨部和技术配供 4 类工资系列，表 5-10 所示为这 4 类工资系列的具体岗位。

表 5-10　员工工资系列具体岗位

工资系列	具体岗位
行政部	1. 企业管理层（总经理、餐饮总监）。 2. 各分部餐厅经理、厨师长、部门主管。 3. 行政部（勤务人员除外）、人力资源部、财务部所有职员
前厅部	包括服务人员、收银人员、传菜人员、保洁人员、保安人员、点菜人员、迎宾人员
后厨部	包括切配厨师、打荷厨师、海鲜养殖员、初加工人员、洗碗工
技术配供	包括炒锅厨师、凉菜厨师、面点厨师、菜品研发部人员、技术工程部所有员工、采购部所有员工

企业薪酬内容的设计要按照岗位职级实行分类管理，体现技术类、管理类和一般员工的区别。由于餐饮企业的特殊性质，所以技术类员工，也就是厨师（尤其是特级厨师）的工资设计要比其他员工高一个档次。

就表 5-10 而言，将管理层和技术类员工分隔出来的设计，企业可以根据自身规模自行制定工资标准。

设计了工资系列后，就要对各类员工的工资组成做更为细致的考量。对餐饮企业来说，一般可分 3 类进行设置。

①管理层薪酬构成＝基本工资＋职务工资＋绩效奖金＋岗位津贴＋生活补贴＋股份薪酬

②技术人员（厨师）薪酬构成＝基本工资＋职务工资＋技术津贴＋岗位津贴＋生活补贴＋绩效奖金

③员工薪酬构成＝基本工资＋岗位津贴＋生活补贴＋绩效奖金

各类员工的薪资构成的具体规定不能模糊，餐饮企业要制定相应的工资标准规定。绩效工资、津贴等构成部分需要制定详细的内容，如下例所示。

【示例一】

某企业的绩效工资根据一定期限内的经营效益和员工个人工作绩效进行合计，主要分为 6 个等级，如表 5-11 所示。

表 5-11　某企业的绩效合计

一级	店长、厨师长	2 个系数
二级	一灶、二灶、三灶厨师；凉菜厨师；面点厨师	1.8 个系数
三级	前厅经理	1.6 个系数
四级	三灶以下厨师、砧板厨师	1.4 个系数
五级	服务员、传菜员、收银员	1.2 个系数
六级	洗碗工、保洁员	0.8 个系数

【示例二】

某企业的津贴主要分为加班津贴、学历津贴两种。

加班津贴主要指双休日、法定休假日和工作日加班所支付给员工的报酬。加班时间必须得到上级领导的审核确认，其计算标准如下。

①双休日加班，每小时加班工资＝日常工作时间每小时工资×200%支付；

②法定节假日加班，每小时加班工资＝日常工作时间每小时工资×300%支付；

③工作日加班，每小时加班工资＝日常工作时间每小时工资×200%支付。

为了激励员工不断深造，提高自己的知识储备，为企业提供更有价值的劳动，本企业向员工提供了学历津贴，其标准如表5-12所示。

表5-12　企业各学历津贴标准

专科	100元
本科	200元
硕士	400元

除此之外，餐饮企业薪酬内容还应对岗位变动引起的工资级别变动进行规定，如表5-13所示。

表5-13　岗位变动后的工资级别确定

变动情况	规定内容
职务提升	除技术类员工外，凡被提升为主管及以上的管理人员，自提升之日起，有3个月的试用期，在试用期内可享受该职务的试用期工资待遇。试用期满确认担任该职位的，从正式担任之日起享受升任职位的薪资待遇
岗位变动	经过企业内部调动，自调动之日起，按相应岗位薪资待遇领取每月工资

当然，餐饮企业的薪酬内容，可根据企业的实际情况进行设计，不一定每个企业都按照一致的内容来考虑。只要记住工资系列、工资构成及具体规定，就足以设计企业的薪酬内容了。

5.2.6　自助式薪酬管理

一个企业内，不同员工对薪酬的要求各不相同，不同阶段员工对薪酬的参与性也不同。为了满足员工的更多需求，自助式薪酬应运而生，其最大的特点就是每个员工可以根据自己的偏好自由选择和搭配。

自助式薪酬可以分为直接薪酬和间接薪酬，两者无论是表现形式、风险度、弹性度还是激励效应都有很大的区别。

◆　直接薪酬

直接薪酬包括了 3 个部分的内容：基本薪酬、奖励薪酬和附加薪酬。具体内容如表 5-14 所示。

表 5-14　直接薪酬的 3 个部分内容

薪酬分类	具体内容
基本薪酬	一般按照企业的薪资标准，以个人的岗位、技能、职责等要素为参照来确定
奖励薪酬	指与业绩相关的奖励性和激励性的收入，主要有奖金、股权、利润分享等形式，用来奖励员工的积极工作
附加薪酬	指的是各种津贴，是对特殊工作岗位和工作性质、员工的某些特殊技能和知识所做的补偿，如职称津贴、外勤津贴等

自助式直接薪酬的 3 个部分薪酬弹性很小，尤其是附加薪酬，是一种特殊补偿，大部分岗位和员工都不会享受到。

所以，企业主要是对基本薪酬和奖励薪酬在总薪酬中的比例进行设计，向员工提供基本薪酬与奖励薪酬之间的自助选择机会。通过适当的搭配，可以组合成不同的薪酬模式，如企业内常见的年薪制和股票期权制度。

◆　间接薪酬

间接薪酬是整体薪酬的辅助部分，所以较直接薪酬来讲其灵活性要强得多，包含的内容也更复杂，大致可以分为福利、晋升和发展机遇、工作生活质量和退休计划 4 个部分。具体内容如表 5-15 所示。

表 5-15　间接薪酬的 4 个部分内容

薪酬分类	具体内容
福利	目前企业内使用最多的是弹性福利制度，如附加型弹性福利计划、弹性支用账户和福利套餐型等类型
晋升和发展机遇	晋升和发展机遇是间接薪酬中最重要的形式。现在，越来越多的员工开始重视自我发展，所以企业可为其提供教育培训机会，如正规的学历教育、职业培训、专业知识培训及内部串岗培训等
工作生活质量	现在，员工越来越看重个人的生活质量，企业也可从这些方面入手，让员工努力工作的同时，也能无后顾之忧。包括从幼儿抚养到家属安置、从休假到旅游、从自由安排工作到弹性工作时间。可以通过与员工沟通，了解员工的真实需要，人性化地为员工制定自助选择方案
退休计划	现代企业都必须按规定为员工缴纳养老保险，这种养老制度是法定的，没有多少弹性可言。但除此之外，还有其他一些退休计划，如商业性养老保险、储蓄金、退休股权赠予等，员工可自行选择

自助式薪酬管理理念不同于传统的管理理念，具有多方面的特点。管理者只有了解了自助式薪酬管理理念的特点，才能更快速地运用自助式薪酬管理。以下是自助式薪酬管理的 3 个显著特点。

重视员工的参与性。员工可按自己的需求，调整自己的薪酬方案，参与范围可以超出工资以外的范畴，如未来的晋升机会和发展机会。自助式薪酬管理扩大了薪酬范围，让员工有多种选择余地。

适用于全体员工。该管理方式不搞特殊化，让所有员工都能在企业规定的范围内选择适合自己的、不同类型的薪酬组合。

注重非现金薪酬。自助式薪酬管理不仅局限于现金薪酬，员工对企业的薪酬满意度评价中非现金因素也占有很大的比重。现在，员工不仅注重工资，还注重个人生活是否不受打扰、公司环境是否人性化，这些需求都是不能够直接用现金来衡量的。

5.3
薪酬设计的五种模式

薪酬设计机制实际上是对员工行为的一种指引。在设计薪酬体系时有 3 项基本原则需要管理者注意，即对外具备竞争力、对内具备公平性、对个体具备激励性。那么餐饮企业管理者要如何进行薪酬设计呢？可参考 5 种基本模式，分别是职务工资制、职能工资制、绩效工资制、市场工资制和年功序列工资制。

5.3.1　职务工资制

所谓职务工资制，是首先对职务本身的价值做出客观的评估，然后以此作为支付工资的基础和依据的一种工资制度。这种工资体系建立在职务评价的基础上，职务的差别是决定基本工资差别的最主要因素。

餐饮企业在实施薪酬制度时，可设立一个 5 ～ 20 人的小组负责推行该项制度。小组内的人选，一般由人力资源部的人员和其他部门的管理者组成。

当然，不是所有的餐饮企业都适合采取职务工资制，还需要满足如下一些条件。

◆ 职务内容已经非常明确、规范、标准，具备进行职务分析的基本条件。

◆ 职务意识明确，职务内容基本稳定，工作序列之间界限分明。

如果出现职务内容频繁变动的情况，也不会使职务工资体系的稳定性和连续性遭到破坏。

◆ 必须具有按个人能力安排工作岗位的机制。

◆ 应在企业内设置多级性质不同的职务，这样员工有充足的升职空间，就能不断加薪，从而增强提职的竞争性。

◆ 工资最低标准的设置应以员工能满足基本生活作为依据，至少提供最低程度的生活保障。

作为薪酬设计常见的模式之一，职务工资制有哪些优点和缺点呢？详情如表5-16所示。

表5-16 职务工资制的优点和缺点

优缺点	具体内容
优点	1. 体现企业按劳分配、同工同酬的薪酬管理机制。 2. 有利于按职务序列进行工资管理。 3. 能鼓励员工提高工作能力和管理水平。 4. 升职加薪一体化，更加公平、公正。 5. 提高员工工作的积极性，以及想要晋升的干劲
缺点	1. 可能会抑制员工的配置和职务安排。 2. 由于职务与工资挂钩，如果员工迟迟不能晋升，便会丧失积极性，从而加大企业的员工流动率。 3. 职位导向的薪酬制度太过内向化，会影响招聘特殊人才，容易吸引不到人才

5.3.2 职能工资制

职能工资制是以员工具备的能力和技能作为工资支付基础的一种制度。这种工资制度更看重人的能力，所以能够鼓励员工不断提高自己的能力。这种薪酬模式适用于餐饮企业中的厨师、调酒师、网络技术人员、宣传设计人员和专业管理者等。

同时，为了达到提升员工能力的目的，该薪酬制度还需与绩效考核制度、培训制度相配套，在提高员工能力的同时提高企业竞争力，其优缺点如表 5-17 所示。

表 5-17　职能工资制的优点和缺点

优缺点	具体内容
优点	1. 对工作能力的要求很高，能激励员工提升工作技能。 2. 对于不在管理层的技术型员工来说，可以通过技能拿到相匹配的工资，这样能减少企业人员流失率。 3. 增加了员工的发展机会。 4. 增加了员工的选择方向。 5. 增强了企业的灵活性
缺点	1. 员工实际的工作能力不好评估。 2. 对于同一工作，技能不同，员工得到的薪资也不同，容易造成心里不平衡。 3. 管理成本较高。 4. 员工可能更加注重自身的绩效，而忽略企业整体发展。 5. 由于高端人才的晋升空间较小，所以激励的力度有限，比如高级厨师

餐饮企业管理者在实施该项工资制度时，应该注意哪些要点呢？如下所示。

◆　科学的任职资格体系

职能工资制是一种基于能力的薪酬体系，所以对能力的定义和评估要科学合理，否则整个薪酬体系都会出现问题。管理者一定要明确企业的任职资格体系，对职位的性质进行分类，并对每一类职位进行标准划分。

◆　配套的培训体系

由于员工薪酬与能力挂钩，所以员工能力的提升最为要紧，这也变相加大了企业培训的难度。企业要不遗余力地帮助员工提升自己的能力，才能留住更多的员工。

所以，一般的企业培训，例如安排员工课程学习，或聘请培训机构的老师上课，已经不能满足企业的实际需求。餐饮企业管理者需要根据任职资格体系的内容和标准，针对不同的职位及不同的职位等级，设计一套完整的培训体系。开发具有针对性的课程，帮助员工提高自身能力，让员工看到提高报酬的可能。

◆ 构建学习型组织

在建立配套的培训体系的同时，餐饮企业管理者还要鼓励员工运用知识和技能提高工作绩效，尤其是员工掌握的新知识和新技能，只有在转化为实际的工作绩效后，才能得到应有的效益。否则只会降低员工的学习兴趣和信心。

◆ 简单为上

任何一种薪酬制度都不能设计得太过复杂，一来很多员工会不明白，二来也会加大企业的管理成本。

另外，在推行职能工资制以前，必要的宣传不能少，尤其是在企业已经实行了某种薪酬管理制，并且员工已经习惯了某种制度后，需要时间来接受新的薪酬管理制，有了一定的宣传才能有一个良好的实施基础。

🅸 加油站

职务工资制和职能工资制看上去差别好像不大，但是实际上有本质的区别。职务工资制的对象是职务，而职能工资制是基于员工能力，通过能力获得的工资占整个工资的 65% 以上。

而且职能工资制要科学、合理，注重员工的发展，将员工的成长与公司的发展统一起来考虑，花费大量的成本对员工进行培训，提升员工实际的水平。职能工资制的重点在于职业化任职资格体系和职业化素质与能力评价体系的建立。

5.3.3 绩效工资制

绩效工资制就是以前的计件工资模式，以员工的工作业绩为基础支付工资。现在随着企业管理的不断发展，这种薪酬管理模式越来越科学。对于餐饮企业来说，绩效工资制适用于采购人员、管理人员、推广人员等。一般来说，餐饮企业会结合多种工资制度为员工发放工资。

绩效工资的计量基础是员工个人的工作业绩。因此，业绩评估是绩效工资的核心。员工绩效的评估方式可分为正式体系和非正式体系，正式体系是一整套评估系统，强调评估的客观性；非正式体系主要依靠管理者对员工工作的主观判断。业绩评估要选择有代表性的业绩要素，如表 5-18 所示。

表 5-18　业绩评估的代表性要素

常用要素	不常使用的要素
1. 与工作有关的知识、能力和技能。 2. 工作激情、责任感、工作态度和敬业精神。 3. 工作质量及认真程度。 4. 工作数量	1. 处理问题和工作方式的灵活性。 2. 独立处理问题的能力和开创性。 3. 管理能力。 4. 对岗位的了解程度。 5. 出勤情况。 6. 确定和实现优先目标的能力。 7. 劳动卫生和安全生产意识

在绩效薪酬设计方面，其内容主要包括绩效薪酬的支付形式、侧重对象、配置比例、绩效等级、绩效分布以及绩效薪酬增长方式等。

　◆　支付形式

根据餐饮企业的不同、员工层级的不同及频率不同，支付形式都会有很大差别，如图 5-3 所示。但一般来说，企业高层可能更倾向于中长期绩效薪酬激励，而低层员工更倾向于短期的绩效薪酬激励。

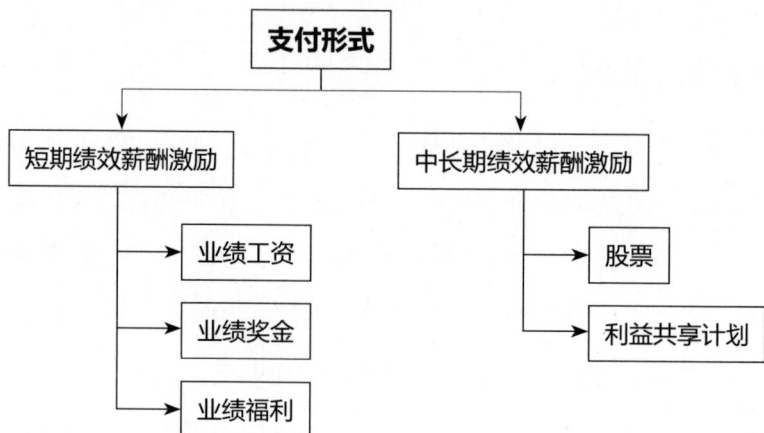

图 5-3

◆ 侧重对象

在餐饮企业中主要有个人绩效和团队绩效两种。对于企业来说，企业文化和发展阶段的差异会导致企业在侧重对象上的选择不同，一般来说有两种做法。

①管理者直接通过向一个团队的每个员工提供群体绩效薪酬，即基于团队的绩效给予的工资。

②管理者先根据团队绩效来确定团队绩效薪酬总额，然后依据员工个人绩效对团队绩效薪酬总额进行划分。

◆ 绩效薪酬配置比例

绩效薪酬配置比例即绩效薪酬在不同部门或不同层次岗位中的配置标准，具体可参考两种方法。

切分法。先确定不同岗位的总体薪酬水平，再对各个岗位的总体薪酬水平划分固定工资和绩效工资，如某岗位总体薪酬水平（100%）=基本固定工资（60%）+业绩工资（40%）。

配比法。先确定各个岗位的基本固定工资水平（与市场定位一致），再在基本工资的基础上上浮一定比例。如某岗位的薪酬水平＝基本固定工资＋业绩工资（业绩工资为基本工资的 20%）。

◆　绩效等级

绩效等级是依据绩效评估后对员工绩效考核结果划分的等级层次，绩效等级的多少和等级之间的差距会对员工绩效薪酬分配产生很大影响。等级过多就会造成差距过小，影响对员工的激励力度；等级过少会造成差距过大，影响员工对绩效薪酬的预期，使员工丧失向上的动力。

◆　绩效分布

在确定了企业绩效等级后，还应明确不同等级内员工绩效考核结果的分布情况，即每一等级内应有多少名员工或有百分之几的员工。通常来讲，优秀员工占比 10% ～ 20%，中间员工占比 60% ～ 70%，而不合格员工占比 10% 左右。

◆　绩效薪酬增长

员工薪酬的增长是根据企业执行的标准来决定，主要表现为职务晋升调薪、岗位调动调薪、资历提高调薪以及绩效调薪等。绩效薪酬增长主要有两种方式，一种是增加工资标准，另一种是一次性业绩奖励。而企业一般选择一次性奖励，既可激励员工，也利于企业薪酬的灵活决策。

5.3.4 市场工资制

市场工资制是根据市场价格确定企业薪酬水平，主要受地区及行业人才市场的薪酬水平影响，目的是提升企业在劳动力市场上的吸引力和竞争力，一般适用于企业的核心人员，如营销总监等。企业在实施市场工资制时要注意以下两点。

（1）**岗位设计基础**。既然要将企业内的岗位薪酬与市场薪酬水平进行比较，就一定要设计好企业内部的岗位层级和具体职位，并确定好岗位职责和任职资格。

（2）**市场薪酬水平调查**。企业可通过专业机构对当前的市场薪酬水平进行调查，将数据进行整理分析，不仅可以进行对比，还可以参考市场岗位体系设计企业内部的岗位体系。

市场工资制的优点和缺点分别有哪些？管理者一定要了解。优点主要有以下四点。

一是可以为企业吸引和留住技能型人才和核心人才。

二是对于一般技术的员工，可以依据市场规则降低薪酬水平，节约企业成本。

三是市场工资制的参考依据较客观和权威，所以员工的认可性强，能够降低企业内耗。

四是由于企业薪酬水平与市场水平差距较小，可有效减少员工流动率，降低人力资源成本。

缺点有以下三点，在设计市场工资制的时候，管理者要尽量削减这些缺点带来的影响。

一是只适合发展较好或规模较大的企业，盈利较小的公司是很难与市场平均薪酬水平接轨的，如果强行参考市场薪资水平，很可能加剧公司负担。

二是对员工的职业知识要求较高，否则员工不清楚市场薪资水平，也不能对企业的市场工资制产生共鸣和真正的认可。

三是完全参照市场薪酬水平会导致企业内部的薪酬水平差异巨大，增加企业内耗。

5.3.5　年功序列工资制

年功序列工资制最先是日本企业的薪酬设计模式，按照员工为企业服务期的长短而支付或增加薪酬的一种管理制度，其基本特点是员工的企业工龄越长，工资越高，具体内容有以下四点。

◆ 员工薪酬水平由企业自定，基本工资按工龄、学历等因素决定，可每年进行调整，以保证员工的生活水平。
◆ 管理者应设置多等级，进而缩小层架差距，每年定期增加工资，这样能保证员工在年龄不断增长的同时，生活质量不会下降。
◆ 除基本工资外，该种模式还设置了多种津贴和补贴，尽量满足员工及其家属的生活需要，解除员工后顾之忧。
◆ 一般来说，员工的退休金和奖金标准，也与员工工龄有关。

餐饮企业管理者还需了解年功序列工资制的优点和缺点，具体内容如表 5-19 所示。

表 5-19　年功序列工资制的优点和缺点

优缺点	具体内容
优点	1.减小了企业内部的竞争，使不同层级的员工之间的关系比较融洽，保证企业环境的和谐。 2.基本工资能保证员工生活水平，而逐年上涨的工资让员工有稳定感，不容易人才流失。 3.有利于企业内的人事调动。 4.可以培养员工的忠诚度

续表

优缺点	具体内容
缺点	1. 容易造成员工工资与实际工作质量脱节，对员工的能力要求反而减弱，大大降低了工资的激励作用。 2. 工资制度过于稳定，缺乏灵活性，不易调整。 3. 对年轻人才的吸引力不足。 4. 决定工资的依据过于模糊，很难获得员工的认可。 5. 提高薪酬水平时，对员工能力的考虑不足

许多餐饮企业将年功序列工资制作为一种辅助的工资制度来使用，其实任何一种薪酬设计模式都不可能单独运用于企业薪酬体系，而是要管理者根据公司实际情况，将这几种薪酬模式灵活运用，争取满足各方面的意见。

5.4 薪酬模式

除了 5 种主流的薪酬模式外，还有其他一些薪酬模式可供管理者参考。其实，没有一种薪酬模式是完美无缺的，同样，也没有一种薪酬模式是毫无价值的。管理者只有了解更多的薪酬模式，才能更加灵活地设计出适合自身企业的薪酬模式。

5.4.1 结构工资制

结构工资制也称"组合工资制"，是一种复合工资制度，根据职工的职务、工龄、基本生活需要和绩效等因素在工资总额中所处地位来确定其比重。

　　企业结构工资制的内容和构成没有固定的格式，一般包括 6 个部分：基础工资、岗位工资、技能工资、效益工资、浮动工资和年功工资，具体内容如表 5-20 所示。

表 5-20　结构工资制的构成

构成要素	具体内容
基础工资	基础工资的设置是为了保障员工基本生活需要，主要有两种发放形式，一是统一规定同一数额的基础工资；二是按规定的工资标准，将员工本人工资的一定百分比确定为基础工资
岗位工资	岗位工资是结构工资制的主要组成部分，采取岗位等级工资的形式，岗内分级，一岗几薪，各岗位工资上下交叉；另一种是采取一岗一薪的形式
技能工资	技能工资是指以员工个人所掌握的知识、技术和所具备的能力为基础来进行工资报酬的支付
效益工资	效益工资是根据企业的经济效益和员工实际绩效支付给员工的工资。效益工资没有固定的工资标准，一般采取奖金或计件工资的形式，全额浮动，对职工个人上不封顶、下不保底
浮动工资	浮动工资是随着企业经营好坏及员工贡献大小而上下浮动的一种工资形式。形式多样，有利于调动员工的积极性
年功工资	根据职工参加工作的年限，按照一定标准支付给职工的工资

　　管理者在实施结构工资制的时候要注意以下一些要点，可帮助管理者更好地进行薪酬模式设计。

（1）了解基本工作

　　在管理者设计结构工资制时，首先要做一些基本工作。一是将企业员工人数、工资、工作年限、学历职称、技术等级、工作岗位以及职务等整理汇总，制成表格，进行综合分析。

　　二是根据企业经营和人员结构的特点，对员工工作进行分析、归类，确定标志性的工作结构，如服务岗位、技能岗位等。

（2）设计基本模式

设计基本模式就是根据基础工作提供的信息和情况，确定工资结构，如设置基础工资、岗位工资和年功工资等。确定工资结构中各部分的比例时，一般以百分数表示，然后按各部分比例求出各单元工资额，公式如下。

单元工资额 = 工资总额 × 该工资单元所占百分比

例如某餐饮企业在确定结构工资制时，将部门主管的岗位工资的百分比设置为30%，技能工资的百分比设置为20%。假如该部门主管的结构工资总额为每月1万元，通过公式可以得出其岗位工资为3 000元，技能工资为2 000元。

（3）测算、检验并调整具体方案

管理者在设计完成具体方案后，可根据各单元工资标准分部门对企业员工进行测算。

首先，将员工个人的结构工资相加，判断是否基本符合制定的结构工资总额。

其次，比较员工个人结构工资水平与之前的工资水平，是否变化较大。

最后，根据员工各方面情况的变化（如工龄增长、技术能力提高及岗位变动等）预测各类员工个人工资的增长趋势。

如果存在工资总额超出或剩余太多，或者多数员工工资水平下降，以及员工工资增长速度太快或太慢等问题，管理者要引起重视，及时调整结构工资制方案。

（4）方案实施、套改

管理者实施结构工资制多是在原有工资制度的基础上进行整改，一般按照员工原标准工资的一定百分比就近嵌入岗位工资，或嵌入技能等级工资。不提倡对工资结构有较大的改变，以免引起员工的反对，造成员工消极怠工，影响工作积极性。

5.4.2 岗位等级工资制

岗位等级工资制，简称岗位工资制，是等级工资制的一种。根据工作职务或岗位对任职人员在知识、技能和体力等方面的要求及劳动环境因素来确定员工的工作报酬。管理者将岗位按重要程度划类归级，然后进行排序，最后确定工资等级。

岗位等级工资制由年功工资、岗位工资、效益工资和特殊工资 4 个工资单元组成。其中，岗位工资是岗位等级工资制的主体，是员工直接劳动报酬，公式如下。

员工月岗位工资 = 岗位工资基数 × 对应岗位系数。

岗位等级工资制有两种形式，一种是一岗一薪制，另一种是一岗数薪制。

◆ 一岗一薪制

一岗一薪制指凡在同一岗位上工作的员工都执行同一工资标准，岗位工资由低到高顺序排列，组成一个统一的岗位工资标准体系，反映不同岗位之间的工资差别。

一岗一薪制适用于专业化、流水作业、服务技术比较单一的工种，具有以下 3 个方面的优点。

①能保证员工在最佳年龄、最佳技能、付出劳动量最多的时候得到最佳报酬。

②简化工资构成，包括津贴、补贴的减少，降低了企业薪资成本。

③薪酬随着岗位变动而变化，加大了对员工的激励。

◆ 一岗数薪制

一岗数薪制是指在一个岗位内设置多个工资标准，反映岗位内部不同员工之间的差别。在实际实施中，管理者只能采取将相近岗位进行分类归级的方法进行设置。

而有些企业会在同一等级内，又划分档次。这样员工在本岗位内也有晋升的机会，可弥补岗位划分较粗的缺陷。

还有的企业通过时间期限解决同岗位但工作贡献有差别的缺陷，如下例所示。

某餐饮企业，在设计岗位等级工资制的时候，为了区别有经验的服务员和新手的工资，划分了试用期、熟练期和正式工作期，试用期为 3 个月，领取 50% 的岗位工资；熟练期为 6 个月，领取 70% 的岗位工资，正式工作期经考核认定，领取 100% 的岗位工资。

该餐饮企业的分店服务员岗位工资为 4 000 元 / 月，王某在进入试用期后每月可领取 2 000 元的工资。由于王某做事用心，工作态度极好，所以经店长考核后直接进入正式工作期，提前领到 100% 的岗位工资。

由上例可知，这种方式可解决由于员工工作年限不同、工作经验不同而导致实际贡献有差别的问题，使工资与员工的劳动付出更吻合，也使员工更加认可。

岗位等级工资制的实施步骤如图 5-4 所示。

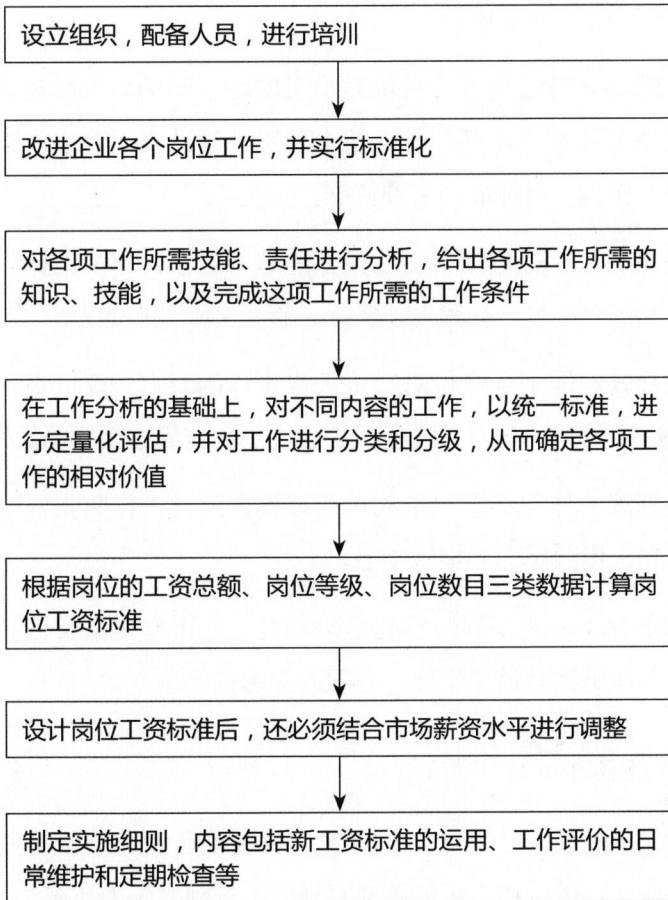

设立组织，配备人员，进行培训

↓

改进企业各个岗位工作，并实行标准化

↓

对各项工作所需技能、责任进行分析，给出各项工作所需的知识、技能，以及完成这项工作所需的工作条件

↓

在工作分析的基础上，对不同内容的工作，以统一标准，进行定量化评估，并对工作进行分类和分级，从而确定各项工作的相对价值

↓

根据岗位的工资总额、岗位等级、岗位数目三类数据计算岗位工资标准

↓

设计岗位工资标准后，还必须结合市场薪资水平进行调整

↓

制定实施细则，内容包括新工资标准的运用、工作评价的日常维护和定期检查等

图 5-4

5.4.3　岗位技能工资制

岗位技能工资制是一种以劳动技能、劳动责任、劳动强度以及劳动条件等基本劳动要素为评价依据，以岗位工资和技能工资为主要内容，根据员工的实际工作绩效确定报酬的多元组合的工资类型。其主要包括以下 4 方面的内容。

（1）岗位劳动评价体系

岗位劳动评价是将各类岗位对员工的要求归纳为劳动技能、劳动责任、劳动强度和劳动条件4个基本要素，通过测评确定不同岗位的劳动差别，作为工资标准的主要依据。

劳动技能。这是不同岗位对员工的基本要求，评价指标包括受教育程度（高等、中等、初等）、实践经验和实际工作能力等。

劳动责任。即不同岗位对员工工作责任的要求，评价指标包括在成本消耗以及设备、财产、安全卫生、经营管理等方面的责任程度。

劳动强度。体现不同岗位的负荷强度，通过工作紧张程度、工作疲劳程度和工作利用率等指标衡量。

劳动条件。反映不同岗位的危险程度、危害程度以及自然地理环境和不同工作班次对员工生理、心理的损害程度。

（2）工资单元的设置

岗位技能工资属于基本工资制度，由技能工资和岗位工资两个单元组成。在实际推行中，可能还要有辅助工资制度作为补充。

技能工资。主要与工作技能相对应，确定依据是企业对工作技能的要求和员工的技能水平，可分为初、中、高三大工资类别，每个类别还可以细分为不同的档次和等级。

岗位工资。岗位工资一般与劳动责任、劳动强度、劳动条件三要素相关联，划分几类岗位工资的标准，并设置相应档次，一般采取一岗多薪的方式区别同一岗位的工资。

辅助工资。辅助工资包括3个工资单元，一是年功工资单元，年功工资单元以员工的连续工龄作为工资增长的依据；二是效益工资单元，随企业经济效益而变动的工资部分；三是特种工资单元，主要指津贴，是补偿性工资。

（3）岗位技能工资标准

企业管理者参考国家制定的最低、最高标准，提出企业自身的工资标准，再确定各类工资标准和工资单元比重的制订原则，并对企业实行总量控制。表 5-21 所示为某餐饮集团依据所在市的最低工资标准设置的岗位技能工资标准。

表 5-21　岗位技能工资等级标准

类别	级别	工资标准	分档备注	效益工资系数
员工类	A	2 600	本科及以上学历员工正式工资	新招员工在培训期内为 0.5，其他为 1
	B	2 100	本科及以上学历新员工培训工资	
	C	2 000	大专学历员工正式工资	
	D	1 800	大专学历新员工培训工资	
领班类	A	3 800		1.1 ~ 1.2
	B	3 500		
	C	3 200		
主管类	A	4 500	饭店后厨部、财务部主管工资上限	1.2 ~ 1.4
	B	4 200	饭店前厅、宣发部主管工资上限	
	C	4 000	饭店保安、保洁主管岗位工资上限	
总经理类	A	5 000	饭店总经理工资下限	1.6 ~ 1.8
	B	4 800	饭店副总经理工资下限	

（4）岗位技能工资制度的管理

维持岗位技能工资制度需要企业外部和内部环境的支持，也需要一个良好的运行机制，包括以下 4 种。

①工资标准调整机制。根据经济发展、劳动生产率提高、物价变动和劳动就业变化等适时进行工资标准调整。

②正常增资机制。即根据物价上涨等情况，适当地提高工资标准，有这样的制度保证，员工才会对企业更有信心。

③岗位工资动态管理机制。即要及时根据外部调查，结合企业经营状况和员工绩效考核情况，调整工资标准，实行动态管理。

④工资结构调整机制。企业建立工资调整机制主要是建立和完善3 项基本制度：一是企业内部收入分配协调共商制度；二是企业内部收入分配正常增长调整制度；三是企业内部工资支付保障监督制度。具体内容如表 5-22 所示。

表 5-22　工资结构调整机制的 3 项基本制度

基本制度	要点内容
收入分配协调共商制度	其重点在于普遍建立工资集体协商机制，就员工关心的工资分配制度问题进行集体协商，解决收入分配不公正的问题
收入分配正常增长调整制度	企业应当结合自身的生产经营状况和员工收入水平，参照政府工资增长指导线、劳动力市场工资指导价位、行业人工成本等信息，通过集体协商，建立员工收入正常增长调整机制，让劳动者理应参与企业的利润分配
工资支付保障监督制度	通过协商建立规范的收入分配约束制度，做到制定分配方案、业绩考核、收入兑现等程序的公开透明，分配结果的公正合理

5.4.4 岗位薪点工资制

岗位薪点工资制是指以管理岗位为主要实施对象，以薪点数为标准，根据企业经济效益情况，按企业结算工资总额确定薪点值。这是一种弹性工资分配制度，看重岗位贡献和员工贡献，并以此为基础确定岗位劳动报酬，其主要内容包括以下 4 个方面。

◆ 基本构成

岗位薪点工资制由基本薪点工资、辅助薪点工资和保障工资三大部分构成，具体构成如图 5-5 所示。

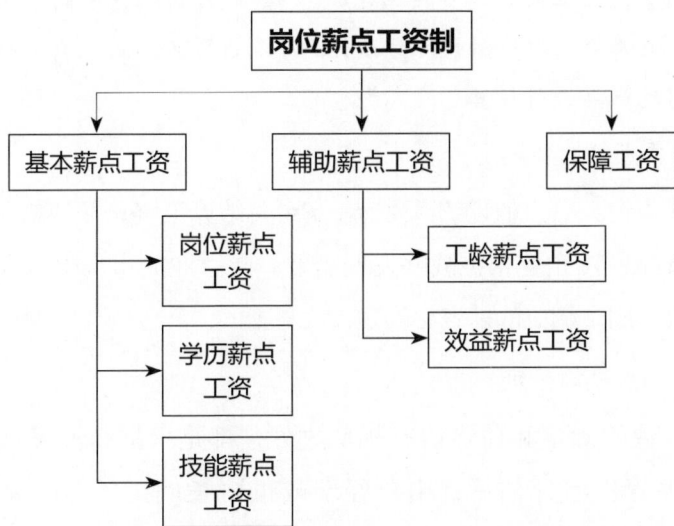

图 5-5

◆ 基本薪点工资和辅助薪点工资

基本薪点工资和辅助薪点工资是由薪点值和薪点数共同确定的，首先了解以下公式。

基本薪点工资 =（岗位薪点数 + 技能薪点数 + 学历薪点数）× 固定薪点值

辅助薪点工资 = 工龄薪点数 × 工龄薪点值 + 基本薪点数 × 效益薪点值 × 员工的个人考核贡献系数

员工的个人考核贡献系数多参照企业年终绩效考核管理办法执行。

例如，某餐饮企业市场调研部的部长 2019 年薪点数为 9 150，其中岗位薪点数为 6 000、技能薪点数为 1 000、学历薪点数为 50、工龄薪点数为 100、绩效薪点数为 2 000。根据企业的经营状况和外部市场因素，该企业 2019 年的薪点值为 2.8 元，即该企业市场调研部部长的月工资为 9 150×2.8=25 620 元。

该例中，企业的月工资是由总薪点数 × 月薪点值得到，但并不是所有的企业都要采取这种计算方法，还可以将员工的薪点数进行分类，按照不同的标准进行核算。

◆ 薪点值的确定

一般来说，薪点值以 P 来表示，$P=$ 月结算工资总额 / 总薪点数。结算工资总额由企业根据战略发展需要、同行业的市场价位和年度经济效益情况制定相应的薪资标准。

◆ 薪点数的确定

薪点数的确定和薪点值有相似之处，都是根据企业发展需要，通过相关管理者评估后，由总经理或董事长确定。其中岗位薪点数可通过等差递减法，加大岗位之间薪点数的差距，目的是体现关键岗位和重要岗位的作用。如总经理为 2 500 ~ 3 000，执行副总经理为 2 000 ~ 2 500，副总经理为 1 500 ~ 2 000，财务总监为 1 000 ~ 1 500，董事会秘书为 500 ~ 1 000。

整体来看，岗位薪点工资制还是比较科学的，它将企业岗位重要性与工资结合起来，可以使劳动所得与劳动付出更相符合，比较适合岗位固定，岗位劳动是以重复性劳动为主的岗位工种。

5.4.5 岗位绩效工资制

岗位绩效工资制是以职工被聘上岗的工作岗位为主，根据岗位技术含量、责任大小、劳动强度和环境优劣确定岗级，以企业经济效益和劳动力价位确定工资总量，以职工的劳动成果为依据支付劳动报酬，是劳动制度、人事制度与工资制度密切结合的工资制度。该制度的工资构成如图 5-6 所示。

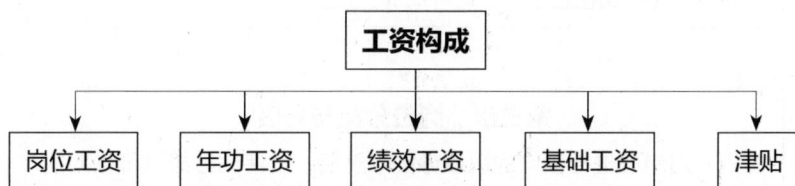

```
                    ┌──────────┐
                    │  工资构成  │
                    └──────────┘
    ┌──────────┬─────────┬─────┴────┬──────────┬─────────┐
    ↓          ↓         ↓          ↓          ↓
┌────────┐ ┌────────┐ ┌────────┐ ┌────────┐ ┌────────┐
│ 岗位工资 │ │ 年功工资 │ │ 绩效工资 │ │ 基础工资 │ │  津贴  │
└────────┘ └────────┘ └────────┘ └────────┘ └────────┘
```

图 5-6

以上 5 项是岗位绩效工资制的主要构成内容，其具体内容如表 5-23 所示。

表 5-23 工资构成的具体内容

工资构成	具体内容
岗位工资	根据岗位责任、岗位技能、工作强度和岗位环境等的差别来确定的工资内容，是岗位绩效工资制的主体部分
年功工资	依据员工为企业累积贡献年限来核定的工资内容，保护老员工的切身利益，并鼓励员工长期稳定地为企业工作，减少员工流失率
绩效工资	根据企业的效益和员工某段时间的业绩而确定的工资内容
基础工资	企业依据地方物价水平及最低工资标准确定的工资内容
津贴	企业根据公司福利制度为员工发放的一些补偿性工资，或是按国家规定，给予在特殊环境、劳动条件、劳动强度下工作的员工一些补偿性工资

基于岗位价值和业绩导向，可以通过相应的步骤设计岗位薪酬体系，其中薪酬结构是岗位绩效薪酬形式的主体，如图 5-7 所示。

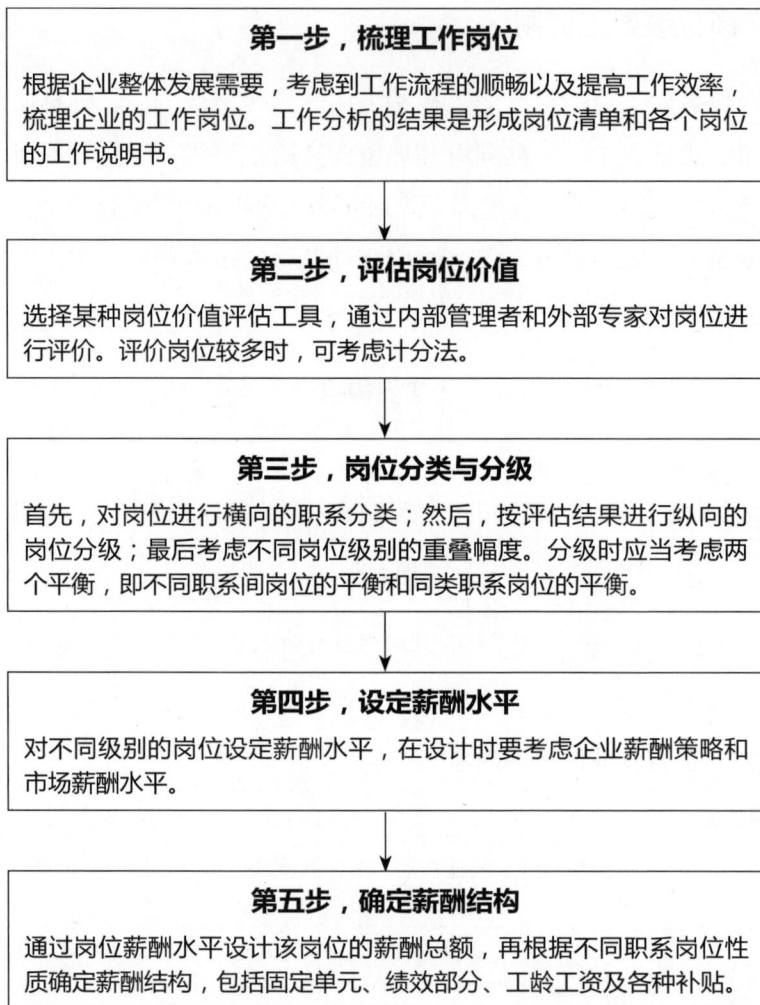

第一步，梳理工作岗位

根据企业整体发展需要，考虑到工作流程的顺畅以及提高工作效率，梳理企业的工作岗位。工作分析的结果是形成岗位清单和各个岗位的工作说明书。

第二步，评估岗位价值

选择某种岗位价值评估工具，通过内部管理者和外部专家对岗位进行评价。评价岗位较多时，可考虑计分法。

第三步，岗位分类与分级

首先，对岗位进行横向的职系分类；然后，按评估结果进行纵向的岗位分级；最后考虑不同岗位级别的重叠幅度。分级时应当考虑两个平衡，即不同职系间岗位的平衡和同类职系岗位的平衡。

第四步，设定薪酬水平

对不同级别的岗位设定薪酬水平，在设计时要考虑企业薪酬策略和市场薪酬水平。

第五步，确定薪酬结构

通过岗位薪酬水平设计该岗位的薪酬总额，再根据不同职系岗位性质确定薪酬结构，包括固定单元、绩效部分、工龄工资及各种补贴。

图 5-7

加油站

一般来讲，岗位级别越高，其工资构成的浮动比例就越大；对工作结果影响越大的岗位，浮动比例也越大。

对于一般的餐饮企业来说，不一定非要按照该工资制的所有内容来设计本企业的工资构成，如下例所示。

某餐饮企业管理者根据本企业的发展方向，设计了岗位绩效工资制，工资构成为固定工资、绩效工资和风险工资，其中绩效工资和风险工资是浮动的。表 5-24 所示的就是该餐饮企业职能岗位人员的工资构成。

表 5-24　职能岗位的工资构成

职能岗位	固定工资	绩效工资	风险工资
总经理	岗位工资 ×20%	岗位工资 ×50% × 公司月度绩效考核系数	岗位工资 ×30% × 公司业绩考核系数
部长层级	岗位工资 ×40%	岗位工资 ×40% × 公司月度绩效考核系数	岗位工资 ×20% × 公司业绩考核系数
主管层级	岗位工资 ×50%	岗位工资 ×30% × 公司月度绩效考核系数	岗位工资 ×20% × 公司业绩考核系数
分店店长	岗位工资 ×60%	岗位工资 ×30% × 公司月度绩效考核系数	岗位工资 ×10% × 公司业绩考核系数
发放形式	月度发放	月度发放	年度发放

加油站

岗位工资标准 = 岗位工资基数 × 岗位系数。岗位工资基数依据企业支付能力和市场劳动力价格确定，适时调整；岗位系数通过岗位分析综合评价确定。

5.4.6 技术等级工资制

技术等级工资制是一种根据技术复杂程度以及劳动熟练程度划分等级和规定相应的工资标准，然后根据员工所达到的技术水平评定技术（工资）等级和标准工资的一种等级工资制度。这种工资制度适用于技术复杂程度比较高，工人劳动差别较大，分工较粗及工作物不固定的工种。

技术等级工资制度共有三要素，分别是工资等级表、工资标准表和技术等级标准。

工资等级表是指规定工资等级数目和各等级之间工资差别的总览表，如表5-25所示。

表5-25　某餐饮企业工资等级表

级别	档次	职级	系数	工资标准
1	—	总经理	5.0	10 000元以上
2	A	副总经理	4.9	8 000元
	B	总经理助理	4.7	5 000元
3	A	市场营销总监	4.6	4 500元
	B	餐饮总监	4.4	4 200元
4	A	财务部经理	4.0	3 500元
	B	餐饮部经理	3.8	3 200元
	C	采购部经理	3.6	3 000元
5	A	餐饮主管	3.4	2 800元
	B	成本主管	3.2	2 500元
6	—	高级领班	2.8	2 400元
7	A	服务员（高）	1.6	2 000元
	B	服务员（中）	1.4	1 800元
	C	服务员（初）	1.2	1 500元
8	—	传菜员	1	1 400元

⛽加油站

工资等级表的内容包括：工资等级数目、工资等级系数、工资级差和工资等级线。工资等级系数就是各等级工资标准与最低一级工资标准之比。

工资标准是按单位时间（时、日、周、月）规定的工资数额，表示某一等级在单位时间内的工资水平。按时规定的为小时工资标准，按日规定的为日工资标准，按周规定的为周工资标准，按月规定的为月工资标准。表 5-26 所示为某餐饮企业工资标准表。

表 5-26　某餐饮企业工资标准表

职称	职位等级	基本工资	职务补贴	技术补贴	特殊补贴
总经理	1	5 600 元	1 000 元	2 000 元	460 元
副总经理	2	5 000 元	1 000 元	1 500 元	400 元
总经理助理	3	4 800 元	1 000 元	1 500 元	400 元
餐饮总监	3	4 800 元	1 000 元	1 500 元	400 元
餐饮部经理、财务部经理	4	4 000 元	800 元	1 200 元	320 元
餐饮主管、人力资源主管	5	3 800 元	800 元	1 000 元	320 元
分店店长	5	3 800 元	800 元	1 000 元	320 元
组长	6	3 500 元	600 元	800 元	150 元
服务员	7	3 000 元	无	无	100 元
实习员工	8	2 400 元	无	无	100 元

员工按规定的工作时间和工作量完成工作，企业按工资标准支付的工资，称为标准工资。

至于技术等级标准，主要包括"应知""应会"和"工作实例"3个部分，如下所示。

◆ "应知"是指完成某等级工作所应具有的理论知识，也可以规定员工应达到的文化水平。

◆ "应会"是指员工完成某等级工作所必须具备的技术能力和实际经验。

◆ "工作实例"是根据基本知识和专门技能的要求，列举不同技术等级员工应该会做的典型工作项目或操作实例，对员工进行培训和考核。

企业管理者在设计技术等级工资制时，大致可分3个步骤进行。首先，根据工作的复杂程度、繁重程度和精确程度等因素确定和划分等级；其次，将不同岗位进行分析比较，纳入相应的等级；最后，规定技术等级标准和安排各等级的工资关系（工资等级线、工资标准），具体步骤如下。

①定义工作手段、方式、对象和目的等各项内容。

②确定主要工作岗位的适用范围。

③确定技术等级标准。

④对员工进行技术等级考核，确定其技术等级。

⑤制定工资等级标准表。

⑥制定技术等级工资制实施细则。

加油站

除了本节中介绍的一些工资制度外，还有一种比较灵活的谈判工资制，是反映企业经营状况和劳务市场供求状况并对员工工资收入实行保密的一种工资制度。员工的工资额由企业根据操作的技术复杂熟练程度与员工当面谈判协商确定，其工资额的高低取决于劳务市场的供求状况和企业的经营状况。

餐饮企业薪酬体系建立与设计

第6章

06

　　现在的餐饮企业市场上，同行业的公司越来越多，竞争也越来越大，要想吸引更多的人才，挖掘员工的潜能，就要建立科学的薪酬体系。薪酬体系作为企业管理的重要组成部分，能够提高员工的积极性和主动性，使效率最大化，满足企业不断发展的目标。

岗位分析：薪酬体系建立的前提

岗位分析是通过系统全面的信息收集手段，提供相关工作岗位的全面信息，以便企业管理改善效率。通过对工作输入、工作转换过程、工作输出、工作的关联特征、工作资源以及工作环境背景等的分析，形成工作分析的结果——职务规范（也称作岗位说明书）。

企业在进行薪酬设计前，首先要对企业内所有的岗位进行评价，所以岗位分析是完整的薪酬体系中必不可少的步骤。

6.1.1 岗位分析

岗位分析是对企业各类岗位的性质、任务、职责、劳动条件和环境，以及员工承担本岗位任务应具备的资格条件所进行的系统分析与研究，并由此制订岗位规范、工作说明书等人力资源管理文件的过程。岗位分析主要是为了解决以下 6 个重要问题。

◆ 工作的内容是什么（What）？

◆ 由谁来完成（Who）？

◆ 什么时候完成工作（When）？

◆ 在哪里完成（Where）？

◆ 怎样完成此项工作（How）？

◆ 为什么要完成此项工作（Why）？

岗位分析需要经历 5 个过程，分别是准备阶段、信息收集阶段、资料分析阶段、完成阶段和应用反馈阶段，这 5 个阶段缺一不可，具体内容如表 6-1 所示。

表 6-1　岗位分析的 5 个阶段

分析过程	具体工作
准备阶段	①确定分析目的；②制定分析计划；③组建分析小组；④选择分析对象
信息搜集阶段	①收集背景资料，如组织结构、职业分类标准；②确定信息类型；③选择搜集方法；④沟通搜集对象
资料分析阶段	①审查工作信息；②分析工作信息
完成阶段	略
应用反馈阶段	略

岗位分析的目的是编写岗位说明书，岗位说明书一般由岗位描述和岗位规范两部分构成。岗位描述是指与工作内容有关的信息，包括职务概况、岗位工作目标、岗位工作特点以及岗位工作关联等；岗位规范写明了岗位的任职资格。

岗位说明书能明确员工的工作职责，向管理人员提供有关岗位的书面信息，便于管理者对工作要求、工作进度及工作目标进行对比参照。岗位说明书的格式没有明确的规定，餐饮企业可以根据自身的情况设定，表 6-2 所示为某餐饮企业厨师长的岗位说明书。

表 6-2　某餐饮企业厨师长的岗位说明书

职位名称	厨师长	所在部门	后厨	职位编号	××010
职位定员	1	职位等级	管理层	编写日期	2020 年 1 月 1 日
职责描述					
序号	工作描述				
1	对后厨人员进行调配，对有潜质的学徒多加提点、多关注，激发后厨员工的工作积极性，维持后厨员工稳定性				

2	维持后厨的纪律，对菜品质量、上菜速度、菜品摆盘及成本控制上对员工进行督导，并对工作成果进行纠正和奖罚，保证厨房卫生
3	监督下属做好与其他部门的配合工作（如餐具盘点、物料领用、采购质量、需求反馈、后厨岗位候选人面试及反馈、试工观察及薪资面谈）
4	亲自下厨，操刀重要菜品，并亲自跟进落实重要酒席或 VIP 的菜品安排，确保菜品和服务质量
5	研发新菜品

任职资格					
最低学历	初中	专业要求	无	性别与年龄	男，35～50 岁
技巧技能	熟悉川菜烹饪		资格证书	取得高级技师资格证书	
经验	有至少 5 年的厨师经验，并且有至少 3 年的厨师长岗位经验				
个人素质	有菜品创新能力、领导协调能力				

在岗位分析的基础上，管理者对岗位的相对价值进行分级排序，并对岗位进行评价，确定岗位等级层次，为设计合理的薪酬制度打下基础。

6.1.2 职位体系说明

职位体系是指企业内部所有不同领域的职位按照所属关系和等级关系形成的职位组合，是对职业的横向分层分类。这就引出了一系列职位体系的概念：职类、职群、职系（职位序列）、职位子序列、岗位、职衔以及职位，如表 6-3 所示。

表 6-3　职位体系分类

分类	概念
职类	职业分类中最大的分类形式，它是根据职业性质对职位进行的最初步的划分，是对职位进行的最大横向划分，《中华人民共和国职业分类大典》中可以对应称为职业大类

续表

分类	概念
职群	具有相同或相近工作性质的一组职位,如售后、研发和财务等
职系(职位序列)	在职群范围内,由职务种类相似而工作复杂程度、责任轻重各不相同的职位进行汇集而成。一般来说,一个职系就是一个专业或一个工种。它是根据工作的性质对职位所做的最后一次纵向划分,能够比较真实地显示出各个职位的工作性质
职位子序列	一个专业类别的分支,就是对职位序列的进一步细分,如薪酬考核、招聘培训
岗位	对主要职责的归纳,并不包含层级的定位,如薪酬管理岗意味着该岗位的主要职责是薪酬管理工作
职衔	是对职位层级的统一称呼,表明层级的高低。一般而言,不同类别的职位,职衔名称不同。如管理类职衔从下往上可以分别叫主管、经理、高级经理
职位	是对职责与职级的规定。一般而言,职位名称=岗位名称+职衔。对于特殊职位可以有所不同,尤其是一些约定俗成的职位名称,如司机等

表 6-3 的职位体系分类都是对职业的横向分类,一般餐饮企业的常见职位体系既有横向分类,又有纵向分层,如表 6-4 所示。

表 6-4　职位体系分类

层级角色	职等	管理类			专业类		行政类	
		等级	职衔		等级	职衔	等级	职衔
			集团	事业部				
建立愿景	19 ~ 20							
	17 ~ 18	M7	总裁					
执行战略	15 ~ 16	M6	副总裁					
	13 ~ 14	M5	总监	总经理	P4	首席专家		
管理流程	11 ~ 12	M4	副总监	总监	P3	高级专家		
执行流程	9 ~ 10	M3	高级经理	高级经理	P2	中级厨师		

续表

层级角色	职等	管理类			专业类		行政类	
执行流程	7 ~ 8	M2	经理	经理	P1	学徒	A4	资深文员
支持流程	5 ~ 6	M1	主管	主管			A3	高级文员
支持流程	3 ~ 4						A2	文员
支持流程	1 ~ 2						A1	实习文员

表6-4中从纵向上分层，不仅职位等级不同，还从层级角色上有所区别，既体现层级价值，又对职位进行了一定的设计。在进行职位设计时，可以考虑层级与价值的关系。

6.1.3 设计职位体系

了解了职位体系后，餐饮企业的管理者应该如何设计职位体系呢？主要通过图6-1所示的几个步骤。

业务流程分析 → 划分职能部门 → 划分职系 → 确定职位 → 建立职位体系

图6-1

◆ 步骤一：业务流程分析

业务流程分析主要是对企业的主营业务进行分析，如餐饮企业的主业是提供食品和服务，如食材采购→食品加工→再加工→……→成品→市场销售→消费者。

◆ 步骤二：划分职能部门

根据餐饮企业内部员工所从事工作内容的不同，将工作内容类似的岗位进行归类管理，例如现金的管理或者账目的记录，都应该放在财务部门。除此之外还有研发部、市场部、后厨部和行政部等。

◆ 步骤三：划分职系

在职能部门的基础上再划分，例如财务部门中的会计，主要做账目的记录，这就算一个职系。当然，在一个财务部门中，可能还需要员工对企业的成本情况、经营效益进行分析，即财务分析，这就是又一个职系。企业规模越大，可划分的职系就越多，很多规模比较大的餐饮企业，还会有税务、审计的职系，如图 6-2 所示。

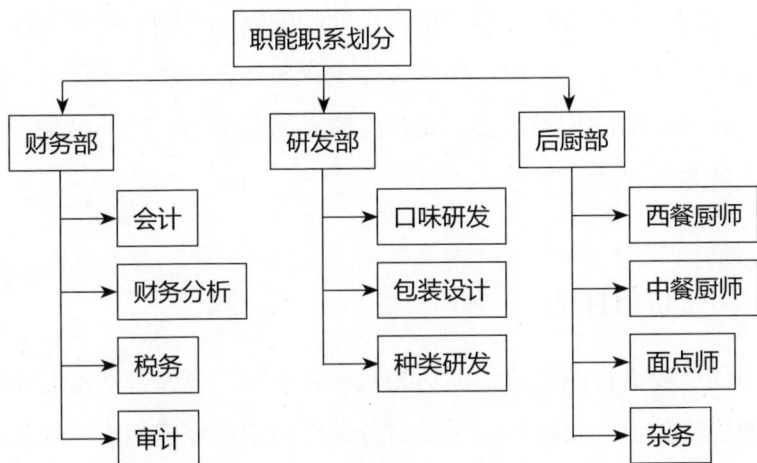

图 6-2

◆ 步骤四：确定职位

职位就是在一个职系里设置主要岗位，例如会计这个职系中，可能包括设计会计助理、初级会计和高级会计等职位；中餐厨师中，也可设置一级厨师、二级厨师和帮厨等职位。根据工作的复杂程度，工作经验、年数及职业技能的要求来划分不同的职位。

◆ 步骤五：建立职位体系

职能部门之间的职系，以及每个职系的每个职位都确定了以后，职位体系也就可以建立了。建立了职位体系后，就需要对职位价值进行评估，以便进行薪酬分配。

6.2
岗位评估：薪酬分配的基础

岗位评估，又称职位价值评估或工作评价，是指在工作分析的基础上，采取一定的方法，对岗位在企业中的影响范围、职责大小、工作强度、工作难度、任职条件及岗位工作条件等特性进行评价，以确定岗位在企业中的相对价值，并据此建立岗位价值序列的过程。它是薪酬设计的基础。

6.2.1 岗位价值评估

为什么要进行职位价值评估呢？在企业里，管理者常常需要确定一个职位的价值、贡献度，比如财务经理和销售经理相比，谁对企业的价值及贡献更大呢？谁应该获得更高的报酬呢？这就需要进行职位价值评估，职位评估有以下 3 个特点。

◆ 以企业员工的岗位为评价对象。
◆ 对企业各类具体工作的定量、定性过程进行评估。
◆ 反映的只是相对价值，而不是职位的绝对价值。

餐饮企业管理者在进行职位评估的时候，要遵循表 6-5 所示的几个原则。

表 6-5　职位评估的原则

原则	内容
系统原则	职位评估要有系统性，一个大的系统分成几个子系统，在子系统内又包含各个要素
实用性原则	职位评估要从企业生产和管理的实际出发，评估因素应能促进企业生产和管理工作的发展。这样评价结果就能直接运用于企业生产和管理的实际工作中，尤其是企业人事调配、薪酬、福利、工作环境及工作安全等基础管理工作，以此提高职位评估的应用价值
标准化原则	职位评估一定要遵循标准化的原则，这样评价工作才会更规范可靠，得出的评价结果才会有参考价值。如何衡量评价工作的标准呢？主要依据员工耗费的工作量和职位评估的技术方法，在规定范围内，做出统一规定，企业内所有员工和管理者都必须遵循。职位评估的标准化主要体现在评价指标的一致性、评价技术方法的统一规定和数据处理的统一程序等方面
能级对应原则	管理的能级对应原则主要是指根据管理功能的不同，将管理系统分成不同级别，然后在每个级别中分配相应的管理内容和管理者，实现功能对位、职能对位。功能大的岗位，能级就高，反之就低。任何一个完整的管理系统，其管理结构都可分为4个层次：决策层、管理层、执行层和操作层
优化原则	优化是在某些约束条件下，按规定的目的，寻找最佳方案。优化原则反映在职位评估的具体方法和步骤上，还有职位评估的各项工作环节上，甚至是每个人身上

6.2.2　岗位评估的方法

常用的岗位评估方法有职位参照法、分类法、排列法、评分法和因素比较法。其中分类法、排列法属于定性评估，职位参照法、评分法和因素比较法属于定量评估。除此以外，国际上还有一个著名的岗位评估方法，即海氏三要素评估法。管理者需要对这几种方法进行具体的了解。

（1）职位参照法

职位参照法就是利用已有工资等级的职位来对其他职位进行评估。具体的步骤，如图 6-3 所示。

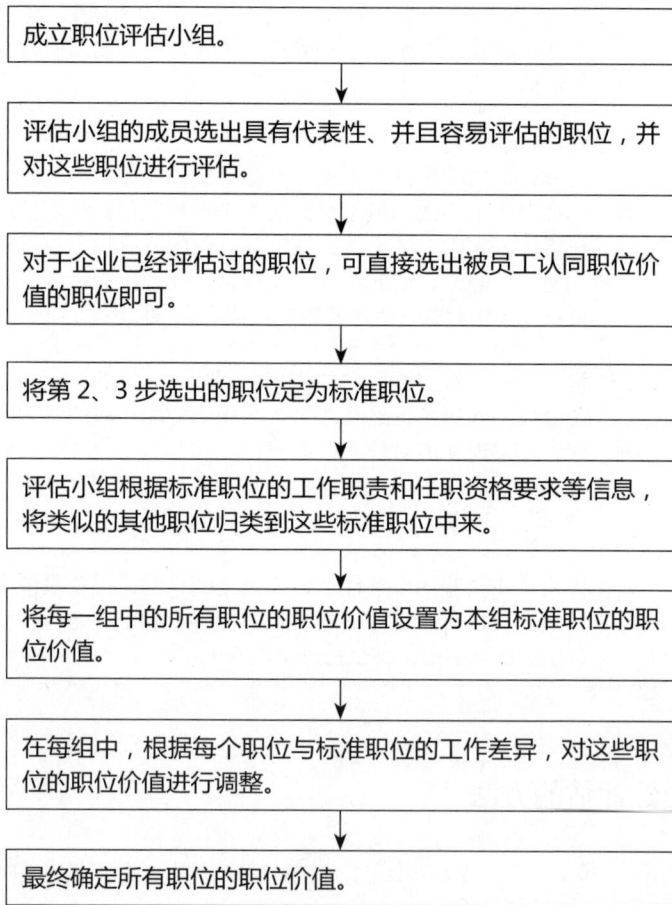

成立职位评估小组。

↓

评估小组的成员选出具有代表性、并且容易评估的职位，并对这些职位进行评估。

↓

对于企业已经评估过的职位，可直接选出被员工认同职位价值的职位即可。

↓

将第 2、3 步选出的职位定为标准职位。

↓

评估小组根据标准职位的工作职责和任职资格要求等信息，将类似的其他职位归类到这些标准职位中来。

↓

将每一组中的所有职位的职位价值设置为本组标准职位的职位价值。

↓

在每组中，根据每个职位与标准职位的工作差异，对这些职位的职位价值进行调整。

↓

最终确定所有职位的职位价值。

图 6-3

通过图 6-3 所示的步骤我们可以了解职位参照法的基本原理，不过该方法的优缺点也很明显，如表 6-6 所示。

表 6-6　职位参照法的优缺点

优缺点	具体内容
优点	最大的优点就是有选择的可能，可通过选择来评估标准岗位价值，再推广到所有岗位，节省为岗位评估所花费的时间、人力、物力和成本，评估结果也较为准确
缺点	标准岗位的选择有难度，其他岗位与标准岗位进行对比时，需要具有准确度和说服力

（2）分类法

分类法与职位参照法有些相似，不过分类法没有进行对照的标准职位。根据工作内容、工作职责和任职资格等方面的不同要求，可以将企业的所有职位分为不同的类别。一般可分为管理工作类、事务工作类、技术工作类及营销工作类等。然后给每一类职位确定大范围的职位价值，在此范围内对同一类职位进行排列，从而确定每个职位不同的职位价值。

（3）排列法

排列法是通过对所有职位根据工作内容、工作职责及任职资格等不同层次的要求进行排序的职位评估方法。比较常见的、科学的排列法是双职位对比排列法，具体的步骤如下所示。

◆ 成立职位评估小组。
◆ 对企业所有职位进行两两比对。
◆ 在两两比对时，对价值相对较高的职位计"1"分，另一个职位则不计分。
◆ 所有职位两两比对完后，统计每个职位的分数。

◆ 总分最高的职位其职位价值最高，再依据分数依次排序，评估出所有职位的具体价值。

表6-7所示的是某餐饮企业通过双职位对比排列法进行职位对比的结果。

表6-7　某餐饮企业岗位排列对比表

工作岗位	财务经理	行政经理	采购主管	后厨部长	总分
财务经理	—	1	1	1	3
行政经理	0	—	0	0	0
采购主管	0	1	—	0	1
后厨部长	0	1	1	—	2

通过表6-7可以得出，该企业中的职位评估价值：财务经理＞后厨部长＞采购主管＞行政经理。因此，该企业在设计这4个岗位的薪酬时，财务经理的基本工资应最高。

（4）评分法

评分法是现在企业内使用最多的职位评估方法，通过对每个职位进行计量来评判，然后得出职位价值，具体做法如下。

①成立职位评估小组。

②列出企业内所有职位的岗位职责和任职要求。

③对列示的重要条款的价值进行打分。

④计算每个职位的总分，得出的职位价值。

（5）因素比较法

因素比较法不需考虑具体职位的职位职责和任职资格，而是将所有职位的内容抽象成若干各要素。根据每个职位对这些要素的要求不同，而得出职位价值。

比较科学的做法是将职位内容抽象成 5 种因素：智力、技能、体力、责任及工作条件。评估小组首先将各因素分成多个不同的等级，然后再根据职位的内容将不同因素和不同等级对应起来，等级数值的总和就是该职位的职位价值。

（6）海氏评估法

海氏评估法是对所评估的岗位按照 3 个要素（知能水平、解决问题的能力和职务责任）及相应的标准进行评估打分，得出每个岗位评估分。

岗位评估分 = 知能得分 + 解决问题得分 + 应负责任得分

其中知能得分、应负责任评估分和岗位评估分都是绝对分，而解决问题的评估分是相对分（百分值），要经过一定的调整，最后得到的岗位评估分才是绝对分。

在评估这 3 种主要付酬因素得出不同的分数时，还必须考虑各岗位的具体要求。要求不同，各因素的权重也不同，而据此计算的各岗位相对价值的总分也不同。职务的要求具体是指对知能和解决问题的能力要求，以及对岗位责任的要求，通过两两对比区分不同岗位的类别。

参考以上的条件，可将企业中的岗位分为 3 种类型。

"上山"型。此类岗位的责任比知能与解决问题的能力重要，如公司总裁、销售经理和生产主管等。

"平路"型。此类岗位的知能和解决问题能力与责任并重，如会计、人事等职能干部。

"下山"型。此类岗位的职责不及职能与解决问题能力重要，如科研开发、市场分析主管等。

如果是初次进行评估的餐饮企业，可以外聘职务薪酬设计专家分析各类岗位的具体要求，并据此给知能、解决问题的能力这两个因素与责任因素各自分配不同的权重，即分别向前两者与后者指派代表其重要性的一个百分数，两部分之和应恰为100%。

6.2.3 如何设计岗位价值模型

在了解了岗位价值评估及常见的评估方法后，管理者如何能设计出一个适合本餐饮企业的岗位价值模型呢？首先一个成熟的评估模型，其核心内容有两个：一是确定评估要素；二是确定各评估要素的权重和分值标准。

什么是评估要素？可以这样说，企业领导愿意为该岗位支付薪酬的原因，即领导者对该岗位的要求。不同的餐饮企业，不同的公司结构，评估要素各不一样，如下例所示。

某餐饮企业的主营业务是低热量饮食，崇尚膳食纤维，所以对研发部的相关人员有较高的学历要求，因此在设计岗位价值模型时，将"知识水平"作为了一个因素。另外，对于公司文案部的写作水平要求也极高，所以将"写作能力"和"专业要求"一并纳入了评估因素。

上例所示的情况，是根据该企业的情况具体分析的，如果有的企业或部门，对知识水平等要求不高，那么这个因素就不用纳入评估模型。

在确定好评估因素后就要对各评估因素的权重设置具体数值了，

当然，设置的考量主要依据各因素的重要性。在设计好权重后，还需要进一步确认各因素的评估维度，可按照等级 1、等级 2、等级 3……依次设计分值。

评估维度的设计没有标准，一般来说是从简单到复杂、从小范围到大范围来评估。表 6-8 所示为对学历因素进行维度设计。

表 6-8　某餐饮企业学历因素维度表

维度	学历	分值
等级 1	高中	20
等级 2	大专	40
等级 3	本科	60
等级 4	硕士	80
等级 5	博士	100

表 6-8 是根据等差法来设置分值的，每个等级之间都相差 20 分。除此之外，还可以通过等比法进行设置。如将各等级之间的比值设为 1.5，若等级 1 的分值为 20，那么等级 2 的分值为 30，等级 3 的分值为 45……依此类推。

按照以上的方式，再设计其他因素，最终就会形成一个完整的岗位价值评估模型，表 6-9 所示为某餐饮企业的岗位价值评估模型表。

表 6-9　某餐饮企业的岗位价值评估模型表

评估因素	子因素		级别
对企业的影响（40%，40 分）	基本影响（60%，24 分）	区域营业收入（50%）	●等级 1　●等级 2　●等级 3
		项目成本费用（30%）	●等级 1　●等级 2　●等级 3
	贡献度（40%，16 分）		●等级 1　●等级 2

续表

评估因素	子因素		级别
责任范围 （10%，10分）	管理项目数量 （40%）		●等级1　●等级2　●等级3
	独立程度 （40%）		●等级1　●等级2　●等级3
	岗位知识广度 （20%）		●等级1　●等级2
监督 （15%，15分）	岗位层级类别 （40%）		●等级1　●等级2　●等级3
	管理人数 （30%）		●等级1　●等级2　●等级3
	下属专业素质 （30%）		●等级1　●等级2　●等级3
环境风险 （10%，10分）	环境条件 （60%）		●等级1　●等级2
	工作风险 （40%）		●等级1　●等级2
知识经验 （15%，15分）	学历（40%）		●等级1　●等级2　●等级3
	经验（60%）	行业经验 （40%）	●等级1　●等级2　●等级3
		职务经验 （60%）	●等级1　●等级2　●等级3
沟通 （10%，10分）	沟通频率 （30%）		●等级1　●等级2　●等级3
	沟通技巧 （50%）		●等级1　●等级2
	内外部沟通 （20%）		●等级1　●等级2

6.2.4 岗位价值评估员工问卷

在进行岗位评估的时候，管理者还可以借助评估问卷收集员工的看法和意见，这样可更加全面地进行岗位评估。当然，问卷只是一种辅助方式，全凭管理者的个人意愿和想法决定。如下例所示为某餐饮企业的岗位价值评估员工问卷。

Q1：您目前所在的岗位？

（×××）

Q2：您所在岗位可管理的人数。

A. 管理 3 ～ 5 人　　B. 管理 6 ～ 10 人　　C. 管理 10 ～ 20 人

D. 管理 20 ～ 30 人　E. 管理 30 人以上

Q3：您在本岗位可控范围内，对工作结果承担多大的直接责任。

A. 只对本岗位的工作结果负责。

B. 需要对部门下设机构的工作结果负责。

C. 对本部门的工作结果负责。

Q4：您在日常工作中，与同事合作的程度是怎样？

A. 仅限于部门内部工作的沟通协调。

B. 需与公司某个部门的员工沟通工作。

C. 需要经常与客户、政府相关部门进行业务工作沟通。

D. 与公司各部门主管及负责人有密切的工作联系，需保持联系。

Q5：您对人员的选拔、任用、考核和工作分配等是否具有责任。

A. 只对自己负责。

B. 对本部门部分员工负有指导监督、工作任务分配的责任。

C. 对本部门的全体职工有选拔、任用、指导和管理的责任。

D. 对管理者具有任免的建议权。

Q6：您对公司发展战略目标的贡献度。

A. 对公司发展战略目标没有直接影响。

B. 对公司发展战略目标有一定的贡献。

C. 对公司发展战略目标有较大的贡献。

D. 对公司发展战略目标有很大的贡献。

Q7：您所在岗位对员工的技术要求和职业等级是否有要求。

A. 只需简单指导即可完成工作。

B. 需要进行一定的培训才能胜任工作。

C. 需要一定的专业技能，并获得相应职业技能等级才可胜任工作。

D. 工作时需要运用多种专业技能。

Q8：您在工作时是否受到压力。

A. 几乎没有什么工作压力　　　B. 偶尔有些工作压力

C. 工作压力较大　　　　　　　D. 工作压力非常大

Q9：您所在岗位对写作能力是否有要求。

A. 该岗位不需要写报告、制度或建议等，对写作能力要求不高。

B. 该岗位需要写简单性分析报告、建议和合同等文件，需要较好的文字书写能力。

C. 该岗位需要写综合性的研究报告和公司工作总结，并交上级审核，所以对写作能力要求极高。

Q10：您开始本工作时所需的工作经验和适应时间。

A. 无需工作经验，1个月内就可以胜任工作。

B. 需要一定的工作经验，半年以内可以胜任工作。

C. 至少需要1年的工作经验才能胜任工作。

D. 需要3年以上的行业相关工作经验才能胜任工作。

E. 需要5年以上的行业相关工作经验才能胜任工作。

Q11：您胜任的这份工作需要的最低学历要求。

A. 高中、职业高中或中专毕业。　　B. 大学专科。

C. 大学本科。　　　　　　　　　　D. 硕士或双学士及以上。

分值：A（2分）；B（4分）；C（6分）；D（8分）；E（10分）

总分：

从上例的问卷中可以看出，一般企业职位评估问卷主要是从管理方面、工作结果责任、沟通协调范围、工作复杂性、工作压力、工作经验及学历要求等方面设置问题。

需要注意的是，问题的选项标准一定要统一顺序，要么从高到低，要么从低到高，方便分值的统计。最后的总分可作为该岗位的评估参考分，分数越高，该岗位的价值就越大。

6.3
薪酬调查：薪酬设计的决策依据

薪酬调查就是通过一系列标准、规范和专业的方法，对市场上各职位进行分类、汇总和统计分析，形成能够客观反映市场薪酬现状的调查报告，为企业提供薪酬设计方面的决策依据及参考，如图 6-4 所示。

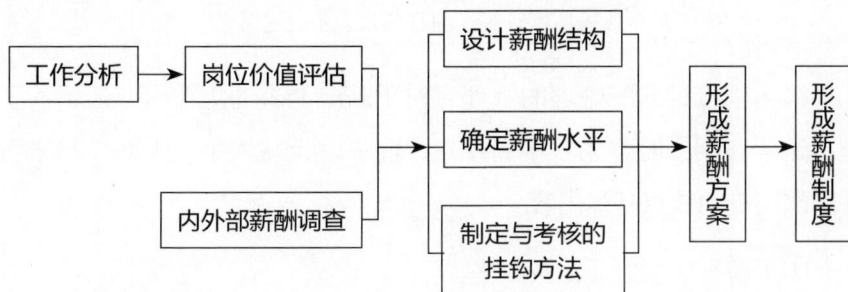

图 6-4

6.3.1 薪酬调查的内容与目的

薪酬调查是薪酬设计中的重要组成部分，能够为管理者设计薪酬标准提供参考性依据，重点解决的是薪酬的对外竞争力和对内公平性问题。一般来说，薪酬调查主要有以下几个目的。

◆ 帮助制定新进员工的起点薪酬标准。

◆ 帮助查找企业内部工资不合理的岗位。

◆ 帮助了解同行业企业调薪时间、水平和范围等。

◆ 了解当地工资水平，并与本企业做比较。

◆ 紧跟工资动态与发展潮流。

为了达到薪酬调查的目的，管理者可采用一些常见的方法来进行薪酬调查，如表 6-10 所示。

表 6-10　薪酬调查的方法

方法	具体内容
共享信息	如果与行业内的目标企业有合作，可以通过与目标企业共享薪酬信息的方式，得到目标企业的薪酬水平，以作参考。不过由于竞争关系或者涉及企业机密，该方法不推荐使用
官网发布	很多城市的人才交流中心会发布某些岗位的薪酬参考信息，方便企业在发布招聘信息时用来参考，不过这种途径得来的薪酬信息经常会偏高
专业机构	市场上有一些专门提供薪酬调查的专业机构，管理者通过这些专业机构调查可以大幅减少调查的工作量。这种途径得来的信息一般可信度较高，而且信息也不会过时

很多刚接触薪酬管理的管理者对于薪酬调查的主要内容还不甚了解，这样在调查时容易找不到重点，而一时无从入手。下面一起来看看薪酬调查的 5 点基本内容。

①了解行业的企业工资水平。

②了解本地区的工资水平，不同地区因为生活水平、发展水平不同，工资水平也有较大差别。

③调查工资结构。

④整理企业内部工资不合理的岗位。

⑤了解工资变化趋势。

6.3.2　薪酬调查问卷与表格

企业在进行薪酬调查的同时，有多种渠道可供选择，虽然大多数管理者会选择对外来的信息进行收集并调查，不过也可以通过调查问卷和表格自行调查。

在企业的招聘期内，让应聘人员填写调查问卷和表格可获得大量的一手资料，对企业来说很有参考价值。那么常见的薪酬调查问卷与表格是什么样的呢？如下例所示。

【范例一】

某餐饮企业在进行薪酬市场调查，正值企业招聘期，招聘人员为前来应聘者准备了企业设计的薪酬调查问卷，以便在招聘的同时获得一些市场信息，以下就是该企业的市场薪酬调查问卷。

本次调查的目的是为了更好地了解餐饮业的薪酬水平，以便本公司完善企业的薪酬制度。本次调查结果只做研究使用，我们将对您的信息及答案进行保密，请您如实填写，感谢您的配合！

姓名：　　　　性别：　　　　年龄：　　　　学历：

Q1：您之前从事的行业和职位是？

———————

Q2：您以前的月基本工资（岗位工资、技能工资）？

_____

Q3：您有没有月津贴补助，是多少？

□无　　　□有：_____

Q4：您之前的职位有没有月度奖金，是多少？

□无　　　□有：_____

Q5：前公司有没有缴纳住房公积金（连扣带补总额）？

□无　　　□有：_____

Q6：是否有其他福利？

□无　　　□有：_____

Q7：您去年春节过节费总和是多少？

_____

Q8：您上年度收入总和是？

_____

Q9：您的月收入组成部分的比例设置是否合理？

A. 非常合理　　　B. 基本合理　　C. 不确定

D. 不太合理　　　E. 非常不合理

Q10：您目前的薪酬收入属于哪个范畴？

A.2 500 元以下　　B.2 500 ~ 3 500 元　　C.3 500 ~ 4 000 元

D.4 000 ~ 5 000 元　E.5 000 元以上

Q11：您对目前的月收入满意吗？

A. 非常满意　　　B. 比较满意　　C. 一般

D. 不满意　　　　E. 非常不满意

Q12：就您所在的岗位，您认为薪酬中浮动工资的比例是多少？

A.3% 以内　　　　B.3% ～ 5%　　　C.5% ～ 10%

Q13：您知道身边同事的收入水平吗？

A. 很清楚　　　　B. 比较清楚　　　C. 完全不知道

Q14：与市场平均薪酬水平（同一职位）相比，您觉得自己的工资处于哪种水平？

A. 远低于市场平均水平　　B. 略低于市场平均水平

C. 基本一致　　　　　　　D. 略高于市场平均水平

E. 远高于市场平均水平

【范例二】

某餐饮企业根据市场调查的主要内容，制作了薪酬市场调查问卷要求应聘人员填写，并以表格的形式统一存档，以便相关人员分析使用，格式如表 6-11 所示。

表 6-11　某企业薪酬市场调查表格

员工基本情况					
姓名		年龄		性别	
职位		学历		工作年限	
前公司信息					
主要工作内容					
成立时间		企业所属行业		员工人数	
薪酬状况					
1. 您目前的年薪 □ 6 万元以下　　□ 6 ～ 10 万元　　□ 10 ～ 15 万元　　□ 15 万元以上					

2. 您的薪资构成	
薪资构成项目	所占总薪资比重
基本工资	＿＿＿%
绩效工资	＿＿＿%
奖金	＿＿＿%
技能工资	＿＿＿%
其他	＿＿＿%

3. 您认为薪酬中浮动部分占总收入的比例为 ＿＿＿%时最合适

4. 薪酬增长与结构调整
①去年您所在的企业有没有调薪（上调）：
②去年您所在的企业的薪酬结构有没有调整，调整后的薪酬结构为：

5. 五险一金	
养老保险	每月交纳（　）元
医疗保险	每月交纳（　）元
失业保险	每月交纳（　）元
工伤保险	每月交纳（　）元
生育保险	每月交纳（　）元
住房公积金	每月交纳（　）元
重大疾病保险	□有　　□无
意外伤害保险	□有　　□无

6. 您觉得您所在企业的薪酬水平在同行业中处于何种水平？
□较低　　□中等　　□偏高

7. 您对目前的薪酬是否满意？
□不满意　　□一般　　□满意

非常感谢您的配合，祝您生活愉快！

上面两个案例展示了薪酬调查问卷的两种模式，管理者可根据企

业的实际情况进行调整，主要围绕企业最想了解的部分进行设计。如范例一和范例二都是围绕市场水平、薪资构成、福利和员工满意度等几个方面来设置问题的，通过这些问题的设置，企业管理者能了解他们想知道的信息。

6.3.3　薪酬调查的应用

通过一系列的薪酬调查，最后相关人员会生成一份薪酬调查报告。在企业制定薪酬制度时，薪酬报告可作为重要的参考文件，主要包括以下 4 个方面。

◆　制定薪酬策略及确定行业薪酬

不同的发展阶段，餐饮企业的薪酬策略不同，参考的行业薪酬也有所不同。如某餐饮企业在初期发展阶段，则倾向于对一般员工以低于市场薪资水平设定薪酬以控制人工成本，对中高层管理者与核心技术人员则以高于市场薪资水平进行设置，好留住核心人才。

◆　调整薪酬结构

薪酬结构是指总体薪资中各工资组成部分的比例关系，主要包括基本工资、职位工资、绩效工资、补贴、奖金及各项福利等。通过薪酬调查报告可以了解行业内常见的薪酬结构和理念。管理者可结合公司自身的薪酬策略来调整不同岗位薪酬的组成部分，保证员工的工作与得到的薪酬成正比。

◆　确保公平性和竞争性

薪酬的设计不可能满足每一位员工的需求，但是要尽量保持公平性和竞争性。由于每个人的能力或职位要求都不同，即使是同一职位的员工，也会出现薪酬差异。所以要参考薪酬调查报告，对职位偏离度的大小与职位等级进行了解。一般来说，如果出现偏离度绝对值较大的职位，管理者应立即进行调整，以免员工出现不满情绪。

◆ 分析职位薪酬水平

在薪酬调查报告中，职位薪酬水平是非常重要的一项，这是对公司各部门基准职位的薪酬福利数据的展示，包括的内容有该职位的工作年限、工作经验、学历信息以及职责描述。在企业进行招聘时，提前为所聘职位提供薪酬数据。另外，管理者将薪酬调查报告内的内部薪酬水平与外部市场薪酬水平相比较，方便随时调节薪酬以吸引人才。

应用好薪酬调查报告，结合公司发展方向，考虑发展阶段，制定和及时调整相应的薪酬策略，设置出相对公平并能激励员工的薪酬管理体系。

6.4

薪酬结构的模式与设计

薪酬结构是指组织中各种工作或岗位之间薪酬水平的比例关系，包括不同层次工作之间报酬差异的相对比值和不同层次工作之间报酬差异的绝对水平。也指企业总体薪酬所包含的固定部分薪酬（主要指基本工资）和浮动部分薪酬（主要指奖金和绩效薪酬）所占的比例。

6.4.1 薪酬结构模式

薪酬结构设计属于薪酬体系中的一个子模块，在设计薪酬结构时必须服从薪酬体系所要达到的目标。薪酬结构有不同的模式，企业管理者可根据需要套用不同的模式，下面一起来看看 3 种常见的薪酬结构模式。

（1）高弹性模式

高弹性模式带有很强的激励性，绩效薪酬在整体的薪酬结构中占比很大，当然基本薪酬就变得微乎其微，所占比例非常低，有的甚至没有设计基本薪酬。这样的薪酬模式现在也很常见，员工要想获得较高的薪酬就需要不断地达到更好的业绩。当员工的绩效成绩好时，薪酬就高；当绩效成绩差时，薪酬就非常低。

高弹性模式主要适用于具有以下特点的企业或部门。

◆ 员工的工作热情不高。

◆ 员工流动率较大。

◆ 业绩的伸缩范围较大的职位，如销售。

现在，越来越多的企业开始抛弃固定的工资模式，而选择能够激励员工的薪酬模式，比如高弹性模式，参考下例。

某餐饮企业的总体薪酬方案如下所示。

绩效加薪。所有员工依据个人绩效成绩而获得绩效工资。

预付工资。在企业营业额持续保持高水平的情况下，特级厨师和一级厨师可获得预付工资。

额外红利。每个门店的服务人员可获得额外福利，不过人数只能占服务人员总人数的 10%，当然是由每个门店的店长进行评选，依据考勤、工作时间和被投诉率决定。

利润分享。利润分享主要是针对公司的高级管理人员，根据公司总体赢利状况，提供股票、现金或二者搭配的利润分享方案。

特殊技术人员专有方案。主要为研发部的人员设计的，依据部门目标完成情况，提供一项专门的物质奖励。如果提前完成部门目标，该部门的研发人员都将获得一定的奖励。

绩效明星。对于那些绩效超过一般水平的人员给予额外的奖励，比如服务人员的接单效率非常高，就可获得当日订单额的5%作为奖励。

（2）稳定模式

这种薪酬模式稳定性强，基本工资是薪酬结构的主要组成部分，绩效薪酬不大重要，所占薪酬总额的比例非常低，甚至为零。即薪酬中固定部分比例比较大，而浮动部分比例小。这种薪酬模式，员工的收入非常稳定，适合有规律性的岗位。

（3）调和模式

调和模式结合上述两种模式的优点，使绩效薪酬和基本工资各占一定的比例。两者比例可不断调和、变化，可演变成高弹性模式和稳定模式。

这3种结构模式各有各的优缺点，餐饮企业的管理者了解得越多，越方便自己做出选择，表6-12所示为3种薪酬模式的比较。

表6-12　3种薪酬模式的比较

薪酬模式	优点	缺点
高弹性模式	1. 激励功能较强。 2. 薪酬与绩效挂钩，不易超支	1. 薪酬水平波动较大，不易核算成本。 2. 员工缺乏安全感及保障
稳定模式	员工收入波动很小，员工安全感很强	缺乏激励功能，容易导致员工懒惰

续表

薪酬模式	优点	缺点
调和模式	既有激励性又有安全感	必须制定科学合理的薪酬系统

除了以上 3 种薪酬结构模式，企业管理者在进行薪酬设计时，还可选择混合型的薪酬结构策略，这样可针对不同的岗位、人才选择不同的薪酬结构模式。

6.4.2　薪酬结构设计

了解了薪酬结构的一般模式，企业管理者需要根据这些基本模式设计或调整适合本企业的薪酬结构。总的来说，管理者要围绕以下 3 方面的内容来设计薪酬结构。

◆ 企业内部的薪酬等级（职位或等级划分）数量。

◆ 同一薪酬等级内部的薪酬变动范围（或薪酬变动比率）。

◆ 相邻两个薪酬等级之间的交叉与重叠情况。

对于管理者来说，薪酬结构的设计首先要考虑岗位群落的划分要具有科学性，并且适合本企业的发展战略。根据工作内容、工作性质不同，可对岗位进行归类，通常可分为 5 大类别，如表 6-13 所示。

表 6-13　岗位归类

分类	职位标准
管理类	主要包括从事管理工作并拥有一定管理职务的职位，如企业内的"中层""高层"
职能类	指从事职能管理、生产管理等职能工作，其主要职责不在管理方面，即使该岗位下有下级人员，但在职人员主要承担辅助、支持的职责

续表

分类	职位标准
技术类	指从事技术研发、设计、操作的职位，需要一定的技术含量才能胜任相关岗位，企业看重的是该岗位所具备的技能
销售类	指在市场上从事专职销售的职位，一般工作场所不固定
操作类	指在公司内部从事生产作业的职位，工作场所较固定

对于这5大类别，一般采用的薪酬结构整体框架如下所示。

管理类：年总收入＝年基本收入＋年其他收入＝（月固定工资＋月绩效工资＋年度延迟支付工资）＋（企业业绩分享＋工龄工资＋各类补贴或补助）

职能类：年总收入＝年基本收入＋年其他收入＝（月固定工资＋月绩效工资＋年度延迟支付工资）＋（企业业绩分享＋工龄工资＋各类补贴或补助）

技术类：年总收入＝年基本收入＋年其他收入＝（月固定工资＋月绩效工资＋项目奖金＋年度延迟支付工资）＋（企业业绩分享＋工龄工资＋各类补贴或补助）

销售类：年总收入＝年基本收入＋年其他收入＝（月固定工资＋佣金＋销售奖金＋年度延迟支付工资）＋（工龄工资＋各类补贴或补助）

操作类：年总收入＝年基本收入＋年其他收入＝（月固定工资＋计件工资＋年度延迟支付工资）＋（工龄工资＋各类补贴或补助）

某餐饮企业在设计其门店的薪酬结构时，根据工作性质的不同将职位序列分为6个等级，其薪酬结构的发放明目如下例所示。

店长：基本工资＋绩效工资＋门店营业业绩提成＋职位分红＋超额奖金

前厅经理：基本工资＋绩效工资＋前厅营业业绩提成＋门店利润分红

后厨主管：基本工资＋新品销售额提成 5%＋销售额毛利 0.5%＋门店利润分红

厨师：基本工资＋新品销售额提成 2%

前台收银员：基本工资＋办 VIP 卡提成 0.5%（VIP 客人消费毛利的 0.5%）

服务员：基本工资＋绩效工资＋订餐提成

本店每个职位等级的基本工资根据等比法设计，如表 6-14 所示。

表 6-14　各职位等级的基本工资等比法设计

项目	职位等级					
	店长	前厅经理	后厨主管	厨师	前台收银员	服务员
基本工资	30 000 元	10 000 元	10 000 元	8 000 元	4 000 元	3 000 元

设计好企业的薪酬结构后，还可以随时进行调整，不过要遵循 3 个原则，即公平性、激励性和可操作性。常用的薪酬结构调整的方法有 3 个，分别是增加薪酬等级、减少薪酬等级和调整不同等级的人员规模和薪酬比例。

6.5
薪酬方案设计

经过"制定薪酬策略→职务分析与工作评价→市场薪酬调查→薪资分级和定薪→薪资结构设计"这一流程后，企业的薪酬方案设计也就基本成型了，只需要再对一些特殊的地方进行调整，就可以设计出适合企业的薪酬制度了。

6.5.1 建立薪酬浮动幅度

浮动工资，即非固定工资，一般指员工的工资随企业经营状况、效益高低和员工贡献大小等因素而上下浮动的工资核算形式。员工的工资浮动形式有两种，如表 6-15 所示。

表 6-15 工资浮动的两种形式

浮动形式	职位标准
全额浮动	将员工的全部标准工资和奖金、津贴绑在一起，根据企业一定时期的经营利润和个人绩效考核浮动发放
部分浮动	将员工标准工资的一部分与奖金捆在一起，根据员工绩效考核浮动发放。有 3 种常见的办法：一是按相对额浮动，即按同一百分比提取每一员工本人标准工资的一部分与奖金一起浮动；二是按同一绝对额浮动，即每个员工从本人标准工资中拿出同一数额进行浮动；三是分档次按不同绝对额浮动，即不同等级的员工，各拿出不同数额的标准工资进行浮动

至于如何设置浮动工资标准，一般企业在参考国家规定的工资标准的弹性幅度后，根据企业经营状况和员工的职位等级，自行规定一个上限和下限。下例所示为某餐饮企业对浮动工资的核算办法规定。

一、市场营销部浮动工资的核算

1. 浮动工资的基本模式

浮动工资 = 定额浮动工资 × 市场开拓率 × 调整系数

其中：

（1）市场开拓系数 = 片区新增门店数量 / 片区门店总数量 ×100%

（2）调整系数：一般情况下市场营销部直接负责拓宽市场的员工调整系数为 1.0，但当企业片区总营业额发生特别变化时，或出现其他特殊情况时，由市场营销部经理确定一个适当系数，并报送公司总经理批准。该部门其他人员的调整系数与绩效挂钩。

（3）定额浮动工资：这是由人事部按工种、岗位等因素而确定的一个常数，相同岗位、相同工种、相同技能的人员，其定额浮动工资是相同的。

2. 浮动工资的核算由人事部负责，经总经理核准后呈送财务部。

二、行政部浮动工资的核算

1. 浮动工资的基本模式

浮动工资 = 应得奖金 × 调整系数 × 工作绩效系数

其中：

（1）工作绩效系数指本职工作的完成程度及工作质量，以其工作岗位描述的工作内容为依据，由部门经理进行评定。考核办法依据人事部制定的绩效规定进行。

一般情况下，绩效系数按如下的方法确定：当系数在 0.8 以下时，部门经理有权直接确定；当系数在 0.8 以上时，部门经理列举事实与理由，报总经理核准。

（2）调整系数根据部门的任务完成情况而定，由其直接主管负责核定。

2. 行政部浮动工资的核算工作由人事部负责。

三、浮动工资的发放

1. 浮动工资每月评定一次，与基本工资同样在下月 10 日发放。

2. 定额浮动工资的限额度根据公司的经营情况进行不定时调整，

调整幅度由公司高层决策人员集体讨论决定。

上例所示的餐饮企业将市场营销部和行政部两个工作性质不同的部门的浮动进行区别规定，采用不同的计算模式，更加科学、更有针对性。当然，标准工资和浮动工资的比例需要企业另行规定。

6.5.2 薪酬方案设计范本

对于一般的餐饮企业来说，薪酬设计方案因考量的因素不同，所以设计也会不同，下面来看看不同餐饮企业的薪酬方案设计范本。

【范本一】

薪酬结构：基础工资＋职能工资＋（岗位工资＋业绩工资）＋（各种津贴＋福利）

比例：30%+20%+40%+10%

形式：固定＋固定＋（固定＋变动）＋固定

支付期限：月＋月＋（月＋季）＋月

其中基础工资、职能工资、岗位工资组合为基本工资。

不同岗位等级的各部分薪酬所占的比例如表6-16所示（在此，仅确定岗位工资与业绩工资的相对比例）。

表6-16　不同岗位的薪酬情况

岗位比例	总经理	副总经理	部门主管	门店店长	中层管理人员	研发人员	普通员工
业绩工资	80%	70%	60%	55%	55%	50%	30%
岗位工资	20%	30%	40%	45%	45%	50%	70%
合计	100%	100%	100%	100%	100%	100%	100%

该范本的薪酬结构倾向于企业的目前发展，所以使员工的职能在薪酬模式中体现；同时，考虑到目前的营业状况，将业绩薪酬的部分采用季度执行，减少人力成本。

总的来讲，基本工资按不同层级与系列占了50% ~ 70%左右，比重相对较大，所以该范本薪酬结构对员工的激励不是很大。

【范本二】

薪酬结构：岗位工资 + 业绩工资 + 奖金 +（各种津贴 + 福利）

比例：按不同层级与岗位采用不同的比例（见表6-17）

表6-17 不同岗位的薪酬比例

岗位 比例	总经理	副总 经理	部门 主管	门店店长	中层管理 人员	研发人员	普通员工
业绩 工资	10%	15%	20%	20%	25%	30%	30%
岗位 工资	20%	30%	30%	35%	35%	40%	50%
奖金	25%	20%	20%	15%	15%	10%	8%
津贴 福利	45%	35%	30%	30%	25%	20%	12%
合计	100%	100%	100%	100%	100%	100%	100%

形式：固定 + 变动 + 变动 + 固定

支付期限：月 + 月 + 半年或年度 + 月

该范本的薪酬结构倾向于对企业日后发展的考量，为了消减职能在薪酬结构中的作用，所以加入了奖金部分，全面与市场薪酬接轨。为了对员工有一定的激励，以月为单位发放绩效工资，这样对人力资源部的管理有较高的要求。

为了公司未来的发展，所以薪酬结构不仅考虑了个人业绩的情况，也将公司业绩与薪酬挂钩，设置了奖金，并以年度或半年的方式发放。对核心人员与非核心人员都有激励作用。另外，本范本也可将津贴与福利取消，但要加强奖金的程度及比例。

【范本三】

薪酬结构：基础工资 + 业绩工资 + 补贴

比例：70%+20%+10%

形式：固定 + 变动 + 固定

支付期限：月 + 月 + 月

不同岗位等级的基础工资设置不同，具体如表6-18所示。

表6-18　不同岗位的薪酬结构　　　　　　　　　　　　　单位：元／月

工资等级	管理职系	基本工资	绩效工资	月收入合计
1	服务员	2 100元	600元	2 700元
2	前台收银员	2 800元	800元	3 600元
3	厨师	3 500元	1 000元	4 500元
4	后厨主管	5 600元	1 600元	7 200元
5	前厅经理	6 300元	1 800元	8 100元
6	店长	7 000元	2 000元	9 000元

该范本的薪酬结构比较简单，以8：2的比例来设置基础工资和业绩工资，虽然表6-18展示了绩效工资，不过并不是固定不变的，只需维持大致的比例就可以了。这种模式是很多平稳发展的企业会选择的一种模式。

这种模式还适合类似分店这种职级不复杂的情况，彼此工资差距不是很大，员工更能受到激励，并且还有每月固定的补贴让员工感受到人性化的关怀。

管理层薪酬体系设计

为了企业的长远发展，很多企业管理者会将薪酬体系设计与战略发展联系在一起，这样就能将员工的工作投入到企业竞争中。所以管理者对于薪酬体系设计应更加重视，这样员工才能更好地为企业做出贡献。

6.6.1 高层管理人员薪酬体系设计

对企业高层管理人员来说，企业的发展与他们直接相关，所以其薪酬应该与企业收入挂钩，下面来看某餐饮企业的高层管理人员薪酬体系设计（只展示重点部分）。

第一条 高层管理人员的工作业绩以年度为周期进行考核和评估，其薪酬体系实行年薪制。这部分人员包括总裁、副总裁、总经理、财务总监和人力资源总监。

第二条 年薪核定基准

人力资源部根据分管业务的考核指标确定，即分管业务的利润、成本、新业务拓展等指标。

首先规定了高层管理人员的薪酬方式（年薪制）和包括的职位，然后划定了大致的核定基准。

第三条 年薪制构成

年薪制收入总额 = 月收入 + 年度业绩收入

其中，月收入 = 基础工资 + 岗位工资 + 津贴

第四条 总裁、副总裁业绩收入

业绩收入核算额 = 企业营业年收入 ×R1

业绩收入实发额 = 业绩收入核算额 × 个人年度考核系数

R_1：为调节系数，取值 $0 \leqslant R_1 \leqslant 0.1$，年底由人力资源总监分别核定。

第五条 总经理、财务总监和人力资源总监业绩收入

业绩收入核算额 = 企业员工年人均年收入 ×40%+ 企业营业年收入 ×R_2

业绩收入实发额 = 业绩收入核算额 × 个人年度考核系数

R_2：为调节系数，取值 $0 \leqslant R_2 \leqslant 0.05$，年底由人力资源总监分别核定。

以上内容是该薪酬体系设计的重点内容，分别说明高层管理人员的薪酬结构，有调整系数的，将调整系数的范围做出说明。

第六条 营业收入发放前提

1. 企业营业创收值必须达到企业年初计划的标准以上，才能计入业绩收入，否则业绩收入核算额为零。

2. 企业营业回款情况以每年度 12 月 31 日之前企业账户上的现金总额为准。

第七条 年薪制收入的支付

总收入中，月收入部分按月计算并按月发放。业绩收入部分，年底根据考核指标完成情况计算，下年初发放。

第八条 企业高层管理者考核项目及权重比例（略）

以上内容是附加内容，是对核心内容的补充，主要说明一些还不清楚或是容易引起争议的内容。

6.6.2　中层管理人员薪酬体系设计

企业中层管理人员虽然不会像高层管理人员一样享受到企业红利，但又对企业的发展有着至关重要的作用。所以对设计薪酬不能含糊，既要考虑企业的成本，又要考虑中层管理人员的价值。下面一起来看某餐饮企业设计的中层管理人员薪酬体系（只展示重点部分）。

中层管理人员实行模拟年薪制，其薪酬水平由公司高层确定。

一、薪酬结构

月浮动薪酬＝模拟年薪基数 ×0.01× 职务系数 ×（部门绩效系数 + 个人月度绩效考核系数）/2

年绩效薪酬＝（模拟年薪基数 ×0.1+ 年度目标奖）× 职务系数 × 个人年度绩效考核系数

1. 职务系数

1.0：中层正职（部门主管）

0.8：中层副职（部门副主管）

2. 部门绩效系数

由企业管理部根据企业经济责任制确定。

3. 个人绩效考核系数

由人力资源部根据绩效考核程序确定中层管理人员月度及年度绩效考核系数。

以上内容主要展示中层管理人员的薪酬结构，该餐饮企业以月浮动薪酬和年绩效薪酬的形式为中层管理人员发放薪资。该薪酬核算方式涉及了 3 个参考系数，所以需要对这 3 个系数做出说明。

二、薪酬分配考核

1. 考核标准（略）

2. 考核方式及程序

（1）月度绩效考核

人力资源部按照中层人员绩效考核制度计算月度绩效考核，汇总《中层管理人员月度工作评估表》，兑现月度薪酬。

（2）年度考察

中层管理人员的年度考察由人力资源部于年底进行，采取互相测评的方式进行，权重如下。

①上级评分：由总经理对所有中层管理者进行评分。

②同级评分：由各相关部门的中层管理者对被考核者评分。

③下级评分：由本部门代表员工对主管人员评分。

考察评分 = 上级评分 ×60%+ 同级评分 ×20%+ 下级评分 ×20%

（3）年度综合考核

年度综合考核主要根据中层管理人员的月度绩效考核评分和高层管理人员的评分，按不同权重得出个人年度综合考核得分，从而确定个人年度绩效系数。

年度综合评价分 = 月度绩效考核评分 × 80%+ 年度考察评分 × 20%

该部分内容是对薪酬考核的方式进行重点说明，该企业主要分为 3 个方面的考核：月度绩效考核、年度考察和年度综合考核。除此之外，还应该考虑考核结果的应用、考核结果申诉等内容。

6.7
薪酬管理常用制度与表单

工资标准表

职位	职位等级	基本工资	职务补贴	技术补贴	特殊补贴
总经理					
副总经理					
部门经理					
主管					
助理					
实习生					

表单 工资标准表

企业薪酬调查表

部门	职务	试用期工资（税前）	基本工资（税前）	浮动	补贴	福利	年奖
总经办							
人力资源部							
行政部							

表单 企业薪酬调查表

企业薪酬管理制度

为规范公司各岗位的薪酬管理，充分发挥薪酬体系的激励作用，坚持按劳分配、多劳多得，特制定本薪酬管理制度。

一、制定原则

1.竞争原则：企业保证薪酬水平具有相对市场竞争力。

2.公平原则：使企业内部不同职务、不同部门、不同职位员工之间的薪酬相对公平合理。

3.激励原则：企业根据绩效管理，形成员工薪酬差距。

二、适用范围

本公司所有员工。

三、薪酬构成

企业薪酬设计按人力资源的不同类别，实行分类管理，着重体现职务级别、专业技术等级和绩效成绩。鼓励员工长期为企业服务，共同致力于公司的不断成长和可持续发展，同时共享公司发展所带来的成果，共享成功资源。

1.企业正式员工薪酬构成

（1）企业管理层薪酬构成=基本工资+职务工资+岗位津贴+生活补贴+绩效奖金

（2）员工薪酬构成=基本工资+岗位津贴+生活补贴+工龄工资+绩效奖金

2.试用期员工薪酬构成

企业一般员工试用期为1～3个月不等，具体时间长短根据所在岗位而定。

员工试用期工资=基本工资+岗位补贴+生活补贴+绩效奖金（入职后，前15天不予发放）

四、工资系列

企业根据不同职务性质，将企业的工资划分为行政管理、前厅部门、后厨部门和技术配件四类工资系列。员工工资系列适用范围详见下表（略）。

五、职务岗位变动后的工资级别确定

1.职务提升：凡被提升为主管以上的各级管理人员，自提升之日起，在其所在职务基础上试用两个月，享受该职等级试用期工资待遇。经考核合格，方可纳入相应职位的转正级别。

2.岗位变动：凡内部调动，自调动之日起均须经过一个月试用期，试用期内，若原等级低于本岗位者纳入本岗位等级；若原等级与现岗位等级相同者，其级别不变；若原岗位高于现岗位等级，按现岗位等级执行，高出部分不予保留。试用期满后，经考核合格者，按相应等级转正级别执行。

六、新进店员工等级的确定

1.新招人员：有相同工作经历，招入本店后，经试用期满考核合格，按其工作能力，纳入相应技能等级。

2.各专业学校毕业生（职高、大专、本科）直接来本店实习，根据实习生级别确定生活补助标准。按实习合同期限（一般为1～3个月），实习期满，愿留店工作的，根据所在岗位确定技能等级，可直接评定技能工资，若变动岗位，则按上述第五点岗位变动的工资规定。

3.社会招聘录用有熟练工作技能和工作经验的人员，根据所

模板 企业薪酬管理制度

餐饮企业奖金制度

第一条 目的

本公司所制定的奖金除对从业人员的尽职程度、服务及贡献程度等给予其评定外，对于员工福利及内容，亦详加规定。

第二条 适用范围

凡在职满14日以上的正式任用员工皆适用；部分奖金支付办法，亦可适用于兼职人员。

第三条 奖金结构

本规则所制定的奖金，包括下列7项：

1. 模范员工奖。
2. 最受欢迎奖。
3. 工作绩效奖金。
4. 考勤奖金。
5. 介绍奖金。
6. 全勤奖金。
7. 礼金及慰问金。

第四条 模范员工奖

每月由各门市主管人员依工作敬业态度及考核成绩中，挑选一至两名工作表现优异的从业人员（含兼职人员）呈人事科评核后，于每月月初在会议中表扬并颁发500元礼券一张，以激励员工士气。

第五条 最受欢迎奖

为使同事间能够相处融洽并让顾客感受到本公司服务亲切的态度，每月由各门市从全体同仁间推选一名最受欢迎人员，除在每月月初的会议中表扬及颁发500元礼券一张外，并于各门市公布栏内颁布，同时可让顾客分享其喜悦。

第六条 工作绩效奖金

由各部门主管人员视当月各人勤务的表现（包括工作效率、服务态度、敬业精神、出勤率、贡献度等多项评核）所进行的考核外，并依据考核成绩核发工作绩效奖金，其核发标准如下表所示（略）。

第七条 考勤奖金

公司依据全年度员工勤务表现及贡献程度后，并按下列规定发放标准支付。

1. 勤务满一年以上者，其年度考绩成绩平均在80分以上者，则支付半个月的工资作为当期绩效奖金。

2. 勤务满半年以上者，其考绩成绩在85分以上者，则依其勤务月数乘以半个月的工资比率作为当期绩效奖金。

3. 勤务未满半年者，原则上不予以发放。但表现优异者，可经由各部门主管人员呈人事科评核后，酌量奖励。

第八条 介绍奖金

公司所属各部门人员介绍他人到本公司服务并经人事科面试考核后任用，满6个月以上且无违反公司规定者，则给予介绍人员奖金3000元；但未满6个月即离职者，则不予以发放。核发的奖金应于被介绍人员满6个月后，与薪资合并发放。

第九条 全勤奖金

员工在规定勤务时间内按时上下班且未有舞弊者，可按下列

模板 餐饮企业奖金制度

餐饮企业薪酬体系控制与改善

第7章

07

在现代化发展的今天，如何通过科学的薪酬体系留住人才是所有企业管理者共同思考的一个问题。这就需要薪酬体系在建立以后，还要进行不断的完善和改进才能适应企业的发展变化，长久的留住人才。

7.1
餐饮企业薪酬控制

薪酬控制是指企业对支付的薪酬总额进行测算和监控，以维持正常的薪酬成本开支，避免给企业带来过重的财务负担。对于任何一个餐饮企业来说，进行薪酬控制都不是简单的事，要考虑很多的制约因素，还要选择薪酬控制的途径。这其中薪酬预算是首先要做的，只有做好薪酬预算，才能有效防止薪酬成本超支。

7.1.1 薪酬预算

薪酬预算，是指企业管理者在薪酬管理过程中进行的一系列成本开支方面的权衡和取舍。薪酬预算是薪酬控制中的重要环节，准确的预算可以保证企业在未来一段时间内薪酬支付受到一定程度的协调和控制。

管理者在进行薪酬预算时，要考虑多方面的因素，例如对内外部的环境进行分析，这是薪酬预算的先决条件。那么对内外部环境的分析要从哪些方面入手呢？具体内容如表 7-1 所示。

表 7-1 企业内外部环境分析因素

方面	分析因素
内部环境分析	1. 公司支付能力：包括劳动分配率、薪酬费用率和薪酬利润率 3 项指标，常选择行业平均水平或领头企业的指标进行比较。 2. 薪酬策略：一是薪酬水平策略，是领先型、跟随型还是滞后型；二是薪酬激励策略，即重点激励哪些人群，激励方式是什么

续表

方面	分析因素
内部环境分析	3. 薪酬结构：主要考虑薪酬层级，层级差距以及薪酬的构成部分，占比多少。 4. 人力资源流动情况：即员工流失率。 5. 招聘计划：即公司准备吸收多少新员工，是应届毕业生还是有经验者。 6. 晋升计划：即公司准备提拔多少员工，提拔到什么等级，以及相应的薪酬待遇调整。 7. 薪酬满意度：员工对薪酬的满意程度，有没有意见或建议
外部环境分析	1. 市场情况：即企业在未来一年中会快速增长、稳定增长还是萎缩，从而控制人力资源的变化。 2. 市场薪酬水平：包括基准职位的市场薪酬水平和分布，该职位的平均薪酬水平、最高水平和最低水平，该职位薪酬水平分布最集中的区域，该职位薪酬的一般构成比例等。 3. 市场薪酬变化趋势：即薪酬是匀速增长、迅速增长还是下降。 4. 领头企业或竞争对手的薪酬支付水平：即该企业目前薪酬支付水平、薪酬总额和关键岗位的薪酬水平等

在对内外环境有一定的了解后，餐饮企业的管理者就可以确定薪酬预算了，要经过哪些步骤呢？

（1）确定公司战略目标和经营计划

首先，确定来年公司的战略计划（迅速扩张、适当收缩、平稳增长还是转换领域），公司战略不一样，对人力资源的需求也就不一样，进而影响公司薪酬总额预算。

其次，还要确定公司来年的经营目标，例如收入、利润、增加值及产值等指标，这是决定薪酬总额的基础。可将经营目标分为基础目标、努力目标和最低目标，分别计算对应的薪酬总额。

（2）分析企业支付能力

只有了解企业的支付能力，管理者才能进行薪酬预算。那么如何衡量公司支付能力呢？有两种常见的方法：薪酬费用率和薪酬利润率。

◆ 薪酬费用率

薪酬费用率 = 薪酬总额 / 销售额

依据上式，可以了解到薪酬总额与销售额应该是成正比的，如果企业的销售额可观的话，薪酬总额也应相对地增加，因为公司的支付能力比较强。反之，如果销售业绩不好，则应相应地减少薪酬总额，如下例所示。

某餐饮企业，过去 3 年间的薪酬总额和销售额如表 7-2 所示。

表 7-2　2016 ～ 2018 年某餐饮企业的薪酬总额和销售额统计

项目	2016 年	2017 年	2018 年
薪酬总额	8.1 万元	8 万元	8.5 万元
销售额	49 万元	48.7 万元	50.1 万元

在过去 3 年该企业的薪酬费用率维持在 16% 左右，在 2019 年的时候有国家政策扶持，企业得到了发展，预计可以将营业收入再上一个新台阶。据管理层的同意考量将 2019 年的预期销售额定为 100 万元。所以企业需要大量的人力资源，加大薪酬总额。

根据薪酬费用率的公式计算，可得出 2019 年的预计薪酬总额为：$100 \times 16\% = 16$（万元）。

根据过去的经营业绩计算出薪酬费用率和来年的预期销售额，可以很方便地求出合理的薪酬总额。

◆　薪酬利润率

薪酬利润率＝（利润总额／薪酬总额）×100%

薪酬利润率指公司每支付一单位的薪酬将会创造多少利润。在同行业中，薪酬利润率越高，表明单位薪酬取得的经济效益越好，员工的工作效率越高，人工成本的相对水平越低，薪酬提升的空间也越大。

（3）分配薪酬总额

确定好薪酬总额后，再对薪酬总额进行分配，不过需要事先确定规则，例如依据资历进行薪酬的调整，依据绩效进行薪酬的调整等。对大多数企业来说，会依据业绩调薪，这里需要考虑两方面的因素。

◆　绩效水平的高低：绩效水平越高，调薪的量也就应加大，同时对绩效水平差的员工也应做出下调规定。

◆　员工薪资等级：如果该员工所获得的薪酬已经处于工资范围的顶层，为了企业的成本，应该另行规定调薪的范围。

（4）根据市场薪酬水平确定员工薪酬水平

除了从公司内部进行考量，管理者还需从市场的角度考虑员工薪酬水平，例如外部市场薪酬调研显示，某餐饮企业研发部主管的薪酬水平在过去的一年中明显上涨了20%，为了留住员工，该企业也需要及时调薪，不能依据原本的预算支付工资。

（5）反复测算

薪酬预算可能会因为内部或外部的差距有所不同，所以管理者不能轻易决定，而要反复测算，不断进行调整才能确定。总的来说，有两种方式，而这两种方式各有优缺点，如表7-3所示。

表7-3　调整薪酬预算的方式

方法	内容	优点	缺点
自上而下法	先由管理者确定企业的薪酬预算总额和加薪幅度，然后再将预算总额分配到各个部门，再由各个部门分配到每位员工头上	容易控制整体的薪酬成本	预算缺乏灵活性，主观因素太多从而降低预算的准确性，影响员工的积极性
自下而上法	先估算各部门、各岗位需要的薪酬数量，再汇总编制出整体预算	灵活性高且实际，员工满意度较高	不易控制薪酬成本

7.1.2　薪酬的计算方式

由于工作性质的不同，薪酬的计算标准也不同，一般常见的薪酬计算方式有哪些呢？

◆　固定月薪制工资计算

目前，针对固定月薪制的工资计算大致有3种计算公式，分别如下所示。

①（固定月薪/应出勤天数）×实际出勤天数+固定月薪/20.92/8×1.5×平时加班工时+固定月薪/20.92/8×2×周末加班工时。

②（固定月薪-固定月薪/20.92×缺勤天数）+固定月薪/20.92/8×1.5×平时加班工时+固定月薪/20.92/8×2×周末加班工时。

③固定月薪/20.92×实际出勤天数+固定月薪/20.92/8×1.5×平时加班工时+固定月薪/20.92/8×2×周末加班工时。

这3种计算方式有什么区别呢？假设某餐饮门店服务员每月固定工资为2300元，本月应出勤天数为23天，实际出勤天数为20天，平时加班工时为 20 时，周末不加班。根据以上 3 种计算方式，分别计算本月实际拿到的工资数为多少呢？

① （2 300/23）×20+2 300/20.92/8×1.5×20=2 412.28（元）

② （2 300−2 300/20.92×3）+2 300/20.92/8×1.5×20=2 382.45（元）

③ 2 300/20.92×20+2 300/20.92/8×1.5×20=2 611.13（元）

◆　日工资、小时工资计算

依据法律规定，用人单位应当依法支付法定节假日的工资，所以在计算日工资、小时工资时不剔除国家规定的 11 天法定节假日，相关计算公式如下。

日工资 = 月工资收入 ÷ 月计薪天数

小时工资 = 月工资收入 ÷（月计薪天数 ×8 小时）

月计薪天数 =（365 天 −104 天）/12（月）= 21.75（天）

◆　加班工资计算

依据国家规定，企业安排员工在法定标准工作时间以外工作的，应按以下标准支付工资。

用人单位依法安排劳动者在法定标准工作时间以外延长工作时间的，按照不低于劳动合同规定的劳动者本人小时工资标准的 150% 支付劳动者工资。

用人单位依法安排劳动者在休息日工作，而又不能安排补休的，按照不低于劳动合同中规定劳动者本人的日或小时工资标准的 200% 支付劳动者工资。

用人单位依法安排劳动者在法定休假节日工作的，按照不低于劳动合同规定的劳动者本人日或小时工资标准的 300% 支付劳动者工资。

◆ 病假工资计算

依据国家有关规定，职工患病或非因工负伤治疗期间，在规定的医疗期内由企业按有关规定支付其病假工资或疾病救济费，病假工资或疾病救济费可以低于当地最低工资标准支付，但不能低于最低工资标准的80%。

薪酬的计算有行业内约定俗成的方式，也有国家明文规定的一些计算方法。企业管理者在不违反国家规定的前提下，可以根据实际情况，选择适合公司的薪酬计算方式，不必过于死板。

7.1.3 人工成本控制

人工成本（人事费用）主要包括职工工资总额、社会保险费用、职工福利费用、职工教育经费、劳动保护费用、职工住房费用和其他人工成本支出。其中，职工工资总额是人工成本的主要组成部分。对于餐饮企业来说应该如何控制人工成本呢？

◆ 调整人员结构

对于很多餐饮门店来说，因为房租、市场竞争和客户群的原因，导致经营成本一直在增加，所以对于人工成本控制这一块需要重点考虑。无论是门店还是企业内部，都应该遵循"高不变、裁中低"的原则，即保持高级管理人员人数不变，减少中级管理层人数，再根据中级管理人员确定基本员工，如下例所示。

某餐饮门店，最近半年的营业额有所下降，很难保持原有利润，而后厨部的员工在生意冷清的时候显得有些多余。为了控制人工成本，店长打算调整后厨人员结构。以往1个炒锅主管下面有4个炒锅厨师和6个打荷工，即1：4：6的比例。现在保持炒锅主管不变，留下两个经验最丰富的炒锅厨师，再减掉两个打荷工，变成 1 ∶ 2 ∶ 4 的比例。这样调整直接缩减了近一半的人工成本。

◆ 取消多余岗位

有的餐饮企业比较传统，遵循一般的企业流程和制度，将每个岗位的职责都划分的过于细致，但其实有的岗位根本没有存在的必要，比如一些助理、顾问之类的岗位。如果裁掉这些岗位，能够减轻企业的负担，如下例所示。

某餐饮门店的店长因为业绩不好，总公司特意派其到香港考察，交流经验争取提高营业额。考察结束后，回到门店该店长取消了砧板、打荷这两个岗位，要求厨师独立完成菜品初加工到出锅的全部流程。为了不让师傅有所抱怨，提高了师傅的基本工资，并添加了津贴。

由于厨师的岗位特殊性，即只有在餐饭时间才会忙碌，所以让其在这两三个小时内，发挥高利用率，可以节省人力，减轻门店的人工成本，自己的工资也会有所上升。

◆ 兼并岗位

兼并岗位这只对餐饮门店这一特殊行业比较适用，因为餐饮企业的服务时间并不是 24 小时的，所以很多岗位会出现间隔时间的空闲，比如洗碗工和摘菜工，这两个岗位前者在营业时间后比较忙碌，后者在营业时间前比较忙碌。如果将洗碗工和摘菜工这两个岗位兼并了，就能有效利用员工的劳动力，节约人工成本。

如某门店内洗碗工的月薪资为 3 000 元，摘菜工的月薪资也为 3 000 元，现店长将这两个岗位兼并，并支付其每月 4 000 元的工资，那么每月就能节约 2 000 元的工资。

7.1.4 调查员工薪酬满意度

虽然员工的薪酬是由高层管理者统一决定的，可是并不代表每一位员工都对公司的薪酬制度满意。管理者要时刻了解员工薪酬的满意度，进行合理的改进，可通过匿名问卷调查方式，了解员工的真实想法。如下例所示为某餐饮企业员工薪酬满意度调查问卷。

说明：为了解和发现企业目前薪酬制度中存在的不足，了解员工的需要，改善薪酬体系，我们采用匿名的方式，希望每位员工如实填写本调查问卷。

Q1：您的性别是？

A. 男　　　B. 女

Q2：您的年龄：

A.25 岁以下　　　B.25 ~ 30 岁　　　C.30 ~ 40 岁

D.40 ~ 50 岁　　　E.50 岁以上

Q3：您的学历是？

A. 硕士及硕士以上　　B. 本科生

C. 大专　　　　　　　D. 中专　　　E. 中专以下

Q4：您所在岗位或部门是？

A. 行政部　　B. 财务部　　C. 研发部

D. 采购部　　E. 宣传部　　F. 市场推广部

Q5：您的职位是？

A. 经理　　　　B. 副经理　　C. 部门主管

D. 一般管理者　E. 普通员工　F. 技术人才

Q6：您觉得目前的薪酬方案是否科学？

A. 非常科学合理　　B. 较科学合理　　　　　C. 不确定

D. 不够科学合理　　E. 非常不科学合理

Q7：您觉得目前的薪酬方案是否有激励性？

A. 非常强的激励　　　　　B. 较强的激励

C. 不确定　　　　　　　　D. 没有激励作用

Q8：您觉得目前的薪酬方案是否公正、公平？

A. 非常公正和公平　　B. 较公正和公平　　　　　C. 不确定

D. 不够公正和公平　　E. 完全不够公正和公平

Q9：您认为目前的岗位工资是怎样的？

A. 是通过科学合理的工作分析后制定

B. 通过粗略的调查分析后制定

C. 不确定

D. 管理者凭经验制定

E. 完全没有任何依据

Q10：您对目前总体薪酬水平感到？

A. 非常满意　　B. 较满意　　　　C. 不确定

D. 不满意　　　E. 非常不满意

Q11：与同类企业相似岗位相比，您认为自己的工资水平如何？

A. 非常高　　　B. 较高　　　　　C. 不确定

D. 较低　　　　E. 非常低

Q12：您觉得目前的工资就是您个人价值的体现吗？

A. 肯定是　　　B. 应该是　　　　　C. 不确定

D. 不是　　　　E. 绝对不是

Q13：您认为努力工作在工资中有明显的回报吗？

A. 一定有　　　B. 可能有　　　　　C. 不确定

D. 没有　　　　E. 完全没有

Q14：您认为您的薪酬与您的岗位相称吗？

A. 非常相称　　B. 基本相称　　　　C. 不确定

D. 不相称　　　E. 非常不相称

Q15：您认为企业薪酬制度所倡导的分配机制是怎样的？

A. 向优秀的员工倾斜

B. 按劳分配

C. 不确定

D. 吃大锅饭搞平均主义

E. 多劳多得，少劳少得

Q16：在上一年度，绩效工资的发放如何？

A. 有科学合理的考核依据

B. 有一些简单的考核制度

C. 不确定

D. 没有什么制度和依据，凭感觉考核

E. 完全失控

Q17：您觉得企业有些员工离职是因为？

A. 薪酬不合理导致

B. 和薪酬有一定关系

C. 不确定

D. 和薪酬没有什么关系

E. 绝对与薪酬问题无关

Q18：您认为企业员工的工资层级差别怎样？

A. 有一定的层级差别，但非常合理

B. 有一定的层级差别，比较合理

C. 不确定

D. 层级差别过大或过小，不太合理

E. 层级差别非常大，非常不合理

Q19：请您谈谈对目前薪酬体系的意见和建议：

————————

通过上述薪酬问卷模板可以看出，问卷问题的设计主要围绕员工基本信息岗位工作情况、薪酬额度满意情况等方面，以了解员工内心的真实想法。

那么如何提高员工对薪酬的满意度呢？可通过以下 5 个步骤，分别如下所示。

①对薪酬满意度调查，了解员工的薪酬期望。

②通过薪酬市场调查，确定企业的平均薪酬水平。

③进行岗位测评，评估岗位相对价值。

④合理设计工资结构，确保薪酬横向公平。

⑤建立完善的绩效考核体系，保证考核规范。

7.2
企业调薪怎么做

企业的薪酬体系形成后，并不是一成不变的，为了防止员工的流失，很多餐饮企业会从薪酬入手，通过调薪的方式留住员工。因此，很多餐饮企业都建立了调薪的制度。就调薪的方式来说，常见的有年度调薪、升等调薪和晋升调薪等，餐饮企业的管理者可以多加了解，以便在工作中应用。

7.2.1 年度调薪

年度调薪，即因各种原因需要，在某个工作年度或者年底，用人单位单方面调整员工的薪酬。通常企业进行年度调薪，主要有 4 个方面的因素，如表 7-4 所示。

表 7-4　年度调薪的因素

因素	内容
绩效管理因素	员工的绩效表现与调薪是直接挂钩的，所以年度调薪必然要依据员工的年度绩效评分
市场变化因素	随着市场竞争加大，为了保证企业的薪酬结构在市场上有足够的竞争力，要不断地了解市场薪酬水平，管理者更是每年度都要做相关调查
物价指数因素	通货膨胀时，企业的购买力会降低，如不进行调整，等于降低员工的收入水平，加大员工流失率
企业赢利表现因素	每年结束时，企业经营利润可观的话，对员工进行调薪，可使员工受到激励，更有利于企业日后的发展

餐饮企业的管理者在具体的年度调薪中，要分步骤进行，不能没有章法，打乱了原有的薪酬体系。

◆ 第一步，收集相关资讯

对企业来说，年度调薪最看重竞争企业的薪酬情况，有经验的管理者会购买最新的薪酬调查报告，小规模的企业可通过报纸、杂志和网络等渠道收集资讯，作为调薪的参考依据。

主要收集的资讯为：①当地的物价通货膨胀指数；②当地的 GDP 增长；③当地的法规要求；④当地的劳动力市场趋势。

◆ 第二步，拟制薪酬调整建议报告

该份报告主要包括 7 点内容，分别为：①本年度的调薪策略；②总体调薪的比例及金额，附带原因及分析报告；③调薪前后的变化；④调薪成本；⑤以往的调薪记录；⑥调薪具体实施方案；⑦调薪各项活动的时间进度表。

◆ 第三步，协调沟通

很多企业在进行年度调薪的时候，都是由管理人员确定后下发至各部门经理，由于在此过程中容易出现沟通不足的情况，从而引起员工的不理解和不满。现在很多企业，会在年末的时候向员工公布下一年度的调薪理念。

一般由人力资源部员工负责将有效的调薪信息，发至各部门经理，再由各部门经理向员工传达。内容包括：①公司的薪酬理念及政策；②本年度的调薪政策；③影响本次调薪的主要因素；④调薪的流程；⑤操作中须注意的事项。

◆ 第四步，制作调薪建议表并派发至各部门

由人力资源部负责制作调薪建议表，如表 7-5 所示。

表 7-5　调薪建议表

员工基本信息					
姓名		工龄		现任职位	
现薪资情况		何时调（升）任现职位		上次调薪时间	
上次调薪幅度及金额					
上年度绩效考评级别			本年度绩效考评级别		
员工本次调薪情况					
调薪类别			岗位调动情况		
调薪幅度（比例）		调薪金额		生效日期	
备注：1. 按级别（员工类、主管类、经理类）划分的调薪信息（幅度、总金额、比例）； 2. 按各职能（技术研发类、市场销售类、后勤支持类、生产营运类）划分的调薪信息（幅度、总金额、比例）					

◆　第五步，协调调薪建议表，并汇总审批

通常，各部门交回的调薪建议表可能存在以下一些问题，人力资源部的员工要注意审阅，并将有问题的调薪建议表退回该部门，与各部门主管进行沟通、给予指导，重新填写。

①超出公司预算中规定的幅度及比例。

②调薪建议不合理，未反映出职位重要性。

③调薪建议未能反映员工的工作表现。

④以工龄来代替绩效表现。

⑤没有针对当地人才市场的供求情况，对于难招聘的职位，没有给予符合市场预期的薪金调幅。

⑥平均主义，没有拉开适当的差距。

◆ 第六步，发布人事档案更新通知信

在发布年度薪金变动通知信时，部门主管应与员工进行必要的个别沟通，向其解释公司的薪酬政策及理念，引导员工积极正面地看待年度调薪。

◆ 第七步，接受员工的申诉

正式调薪后，人力资源部要为员工设置专门的申诉渠道，方便接受员工的相关投诉。对于公司关键岗位或优秀人才的投诉，人力资源部应特别留意，并在一定期限内解决申诉。

7.2.2　升等调薪和晋升调薪

升等调薪是公司根据员工的能力（知识、技能、态度）提升，通过员工胜任更高职等的工作，对员工工资级别及工资标准进行的调整。在实际操作中，升等调薪通常与功绩调薪合并处理，给予较大的调薪幅度，更能增加激励效果。

不过关于升等调薪，管理者还应了解以下几点。

◆ 只有职等提升，职称并未变动。如二级厨师升为一级厨师，只有职等的变动，仍维持原来厨师的职称。

◆ 工作质量的提升。

◆ 升等多发生于基层与中阶的员工，很少用于资深员工或管理阶层。因为职等越高，升等的要求也越高，升等就更困难。

很多餐饮企业的管理者容易把升等调薪与晋升调薪混淆，晋升是指企业员工由原来的岗位上升到另一个较高的岗位的过程。不过为了体现员工贡献度的增加，晋升时也会伴随着调薪，但调薪幅度通常依公司薪资政策而定，如下例所示。

三、调薪程序

1. 调薪的基本条件

（1）每年 5 月 1 日和 11 月 1 日为企业调薪日。其中，5 月 1 日为公司普通调薪日，11 月 1 日为公司特殊调薪日。

（2）担任现任职位满一年即可享有调薪机会。

（3）对公司业绩发展具有巨大贡献或者能力出众的员工可以享有年度特殊调薪。

2. 调薪比例制定的依据

（1）公司上一年度的经营业绩。

（2）员工上一年度的考核成绩。

（3）本年度的经济状况。

（4）市场薪酬调查报告。

3. 调薪的办理程序

（1）调薪日前 30 日起各部门主管提报本部门调薪人员名单，并交付提报材料。

（2）人力资源部对提报的材料进行审批，并发布调薪公告。

（3）人力资源部收到反馈结果 3 个工作日内给员工发放《调薪通知单》。

上例是某餐饮企业的晋升与调薪管理细则的节选内容，主要围绕调薪基本条件、调薪比例制定依据和办理程序对调薪程序做出规定。

7.2.3 试用期满调薪

试用期满调薪是公司对新进人员试用期满后,经用人部门和人事部评定试用合格的调薪。

很多的餐饮企业都会有新进员工试用期的规定,一般是 3 个月。如果员工通过试用期的考核,就可以成为正式员工,并享有所有正式员工的福利。一般来说,试用期的工资比正式员工的工资要低很多。所以很多餐饮企业,会在薪酬制度里规定员工试用期满调薪的规定,如下所示。

五、试用期时间规定

新员工试用期为 1 ~ 3 个月,一般员工试用期为 3 个月,需在劳动合同中予以明确约定。如员工在 3 个月试用期内不能满足公司要求,申请公司再提供一次机会的,可经双方协商再延长试用期,但最长不超过 6 个月。

六、员工转正

1. 转正类型

(1)正常转正:员工在公司规定的试用期满后,经相关主管认定合格,应结束试用期予以正式录用。员工等级评定在一般至优秀范围内可以建议正常转正。

(2)提前转正:员工在试用期内,因表现出色的,经部门负责人申请,综合管理部审核,可提前结束试用期,予以正式录用。新员工提前转正的,其试用期不得少于 1 个月。

(3)延期转正或辞退:员工在试用期满后,因其岗位技能、工作态度等暂时达不到所在岗位要求,无法完全胜任现有工作,可直接辞退(不存在劳动补偿)或延长试用期,推迟正式录用。

2. 转正程序

（1）表格发放：员工正常或延期转正的，所在用人部门应在综合管理部发出《员工转正申请表》后5个工作日内评定结果并回复。

（2）填写申请：用人部门在领取《员工转正申请表》后，应在3个工作日前填写完毕，并及时向综合管理部提交。

（3）转正意见：部门负责人在收到《员工转正申请表》后，应在5个工作日内对员工在试用期间内的具体表现、工作态度、工作能力以及岗位培训等做出具体评价，并报综合管理部。

（4）转正后薪资等级参照公司《薪资结构表》，如下表7-6所示。

表7-6　试用期转正薪资表

试用期表现评估	试用转正调薪		备注
优秀	提升 3～8 等级	4 000 元	试用期考核在良好以上的可提前转正
良好	提升 2～6 等级	2 000 元	
一般	提升 1～3 等级	1 000 元	
合格	提升 1 等级	500 元	

上例是某餐饮企业的试用期满调薪规定，主要对试用期时间、转正类型和转正程序做了规定，并展示了《薪资结构表》，对试用期转正的给予调薪参考。

🛢️加油站

除了几种常见的企业调薪方式外，还有一种特别调薪，是指员工在工作中有重大贡献或失误（不构成降级、辞退处理），人力资源部根据总裁办公会批准后，对员工进行特别调薪，调薪范围原则上仅限于该员工所在层级。此种调薪除了有紧急状况时可临时办理外，一般说来将跟着年度调薪一并进行调薪。

7.3
薪酬体系常用制度与表单

薪资调整通知单

姓名		性别		所在部门		职务	
变动原因说明	□年度调整；□调职调薪；□试用合格调薪；□考评调薪；□机动调薪；□其他						
待遇变动情况	人力资源部：					年　月　日	
	基本薪俸	工龄工资	绩效工资	福利	补贴	其他	合计金额
变动前							
变动后							
合计金额（大写）				新工资执行日期			
总经理意见						年　月　日	
员工签字						年　月　日	

表单 薪资调整通知单

工资登记表

部门：　　　　　　　　　　　　　　　　　　　　　年　月　日

职班工号	姓名	核订工资					登记录
		本薪	技术津贴	年资加给	职务加给	工作补给	

表单 工资登记表

员工转正、晋升、降级、调薪管理制度

第一条　目的

××有限责任公司管理制度（以下简称"公司"）员工转正、晋升、降级、调薪工作办理程序，确保上述人事管理工作的公平与合理。

第二条　适用范围

适用于公司部门经理（含）以下员工的晋升、降级、调薪工作。

第三条　职责

1．综合管理办公室（以下简称"综合办"）负责员工转正、晋升、降级、调薪资料的核实与审查工作。

2．总经理负责审批公司部门经理（不含）以下人员的转正、晋升和降级手续。

3．公司总经理负责审批公司部门经理的转正、晋升以及降级手续。

4．公司董事长负责公司经理及以下人员的调薪手续。

第四条　转正

1．正常转正的条件为员工试用期满，经心绩效考评合格。

2．提前转正的条件为员工试用期表现特佳，有显著工作业绩。

第五条　晋升/调薪

1．晋升/调薪的条件，须符合以下条件之一方可。

（1）工作表现优秀，本岗位成绩突出。

（2）年度综合绩效考核被评为良好以上者。

（3）工作有突出贡献或重大立功表者。

（4）有突出才能，为公司急需者。

（5）为同行业竞相争取者。

2．晋升/调薪除满足以上条件外，还需遵守以下规定。

（1）员工晋升原则上每年一次，时间定为每年的12月份。

（2）升职、调薪间隔原则上不少于12个月。

（3）原则上不允许跳级晋升及调薪（经董事长特批的除外）。

3．凡有以下情形之一者，不得晋职、晋级。

（1）近3个月内有迟到、早退行为。

（2）本年度内有旷工行为者。

（3）本年度内工作有重大失职行为者。

（4）本年度内有其他严重违反规定者。

第六条　降级

1．管理不善者。

2．岗位工作不达标者。

3．3次（不含）以上重复违反公司规程，但未造成严重后果者。

4．年度综合绩效考核被评为不合格者。

5．其他须给予降职、降薪的处分者。

第七条　转正、晋升、降级、调薪的程序与审批

1．提出申请

（1）转正的申请由本人在试用期结束前1周内，向部门/管理处提出申请（提前转正由部门/管理处依据年度绩效考评结果

模板 员工转正、晋升、降级、调薪管理制度

员工调薪管理办法

第一章 总则

第一条 进一步规范薪资调整管理，打破原有的统一调薪制度，激励为公司创造效益、工作出色的员工。

第二条 年度性调薪依公司年度业务收入情况和员工年度绩效考核及年度出勤而定，年度调薪于每年的3~4月份进行。

第三条 范围适用于公司全体人员。

第二章 薪资调整规定

第四条 调薪类别

年度调薪、晋升调岗调薪、个人申请调薪。

一、年度调薪原则

年度调薪奖励是指对于在公司内工作时间长且工作表现良好，未出差错、勤奋上进者，公司给予每年一次薪资调整的奖励。

二、年度调薪对象

连续在公司服务满一年在职员工。

三、以下情况不在调薪范围

1. 年度请假超过20天者（含事假、病假、年假、产假）。

2. 迟到、早退等情况上一年内有15次（含15次）以上者。

3. 距离上次薪资调整未满一年的员工。

4. 参与优秀员工特别调薪不在此调薪范围。

四、晋升调岗调薪

1. 参照晋升调岗的岗位试用期工资执行，经过试用3个月考核合格能够完全胜任晋升调岗职务工作后，方可调整为晋升调岗的转正工资。

2. 主管级别的晋升调岗试用期为6个月。

五、个人申请调薪

1. 个人申请调薪，是指由于个人表现优异，对公司有重大贡献，或者个人由于工作职责变化、个人成长较大，导致旧薪资水平与个人目前工资标准严重不相符，而申请加薪的奖励。

2. 由个人向本部门主管提出申请，各相关部门主管或负责人实事求是地根据员工工作业绩、工作能力与工作表现做出客观综合评价，对于同意给予加薪的，由主管撰写不低于500字的说明报告，报送人事行政部。人事部根据员工年度考核结合日常出勤等情况做出薪资调整意见，报送总经理。

3. 个人申请条件限制

对于有以下情况者，公司原则上不予批准调薪申请。

（1）对于在公司工作未满6个月者。

（2）个人所在项目进度严重迟滞，或者考核指标远远低于预期计划的。

（3）半年内有重大过失，或者记过处分者。

（4）最近6个月内，法定工作日平均工作时长低于8小时者。

（5）工作表现平庸，无重要贡献者。

（6）薪资水平与市场价值或于个人能力、贡献严重不相符者。

六、个人调薪申请流程

员工本人提出申请→员工所在部门主管或负责人做出初评→报送人事部复核/人事部主管复核后→呈送总经理审批/总经理核定→审核通过后次月开始加薪。

模板 员工调薪管理办法

做好员工管理是薪酬核算的保障

第8章

08

为了维持和保证餐饮企业的正常运营，管理者需要做好员工管理，包括员工异动管理和员工考勤管理。同时，为了引起员工重视、还应将薪酬与员工管理挂钩。

餐饮企业员工异动管理

企业在不同的发展阶段，会根据经营业绩和目标的需要适当调整员工的岗位。一般来说，员工的异动包括晋升、调岗、降职和离职4种主要形式。餐饮企业对员工的异动管理，应做好相应的准备和后续问题，让员工不因岗位异动产生不满而影响工作。

8.1.1 员工晋升

晋升是指员工向一个比原工作岗位挑战性更高、所需承担责任更大以及享有职权更多的工作岗位流动的过程。在员工有了足够优秀的能力去胜任更高的职位时，企业应给予员工晋升的机会，否则会让员工看不到发展前途。

当然，企业需要重视员工晋升的管理，很多餐饮企业会设置员工晋升制度，方便满足条件的员工完成晋升。员工晋升制度是为了提升员工个人素质和能力，充分调动全体员工的主动性和积极性。所以管理者应在公司内部营造公平、公正和公开的竞争机制，规范公司员工的晋升、晋级工作流程。

一般来说，晋升模式包括按工作表现晋升、按投入程度晋升和按年资晋升3种，而餐饮企业的晋升程序一般如图8-1所示。

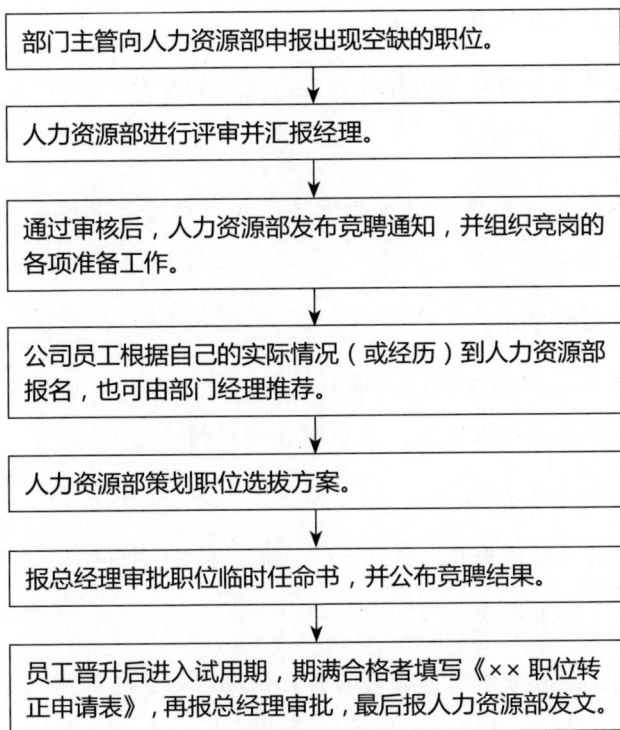

图 8-1

在晋升程序中需要注意一些特别的事项，如下所示。

◆ 职位选拔方案的主要内容有：能力分析（主要职责和应具备素质）、能力评价措施、考核结果处理办法和确定最后人选。

◆ 员工初次晋升均为临时负责人，要设置试用期，一般为两三个月。任期满后，需进行考核，考核不合格者，将免去其临时负责人的职务，重新进入竞选流程。

◆ 如果公司内部的选拔无法满足岗位需求，人力资源部可在公司外进行招聘。

下面来看看某餐饮企业的员工晋升制度，从中学习晋升制度需包含的内容。

三、员工晋升范围

员工晋升可分为部门内晋升和部门之间的晋升。

1. 部门内晋升

由各部门经理根据部门实际情况，经考核后，具体安排，并报综合部存档。

2. 部门之间晋升

需经考核后拟调入部门，填写《员工晋升表》，由所涉及部门的主管批准并报总经理批准后，交由综合部存档。

四、员工晋升类型

职位晋升、薪资晋升；职位晋升、薪资不变；职位不变、薪资晋升。

五、员工晋升形式

1. 定期：公司每年根据公司的营业情况，年底进行统一晋升员工。

2. 不定期：在年度工作中，对公司有特殊贡献，表现优异的员工，随时予以晋升。

3. 试用期员工：在试用期间，工作表现优秀者，由试用部门推荐，提前进行晋升。

六、员工晋升依据

1. 普通员工在原岗位工作满半年（不含试用期时间），经部门经理评定工作表现优秀。

2. 部门经理级员工在原岗位上工作满一年（不含试用期时间），经总经理评定工作优秀。

3. 因公司需要，经总经理特批的其他情形的晋升。

七、员工晋升权限

1. 总经理、副总经理由董事长核定。

2. 部门经理或主管，由总经理以上级别人员提议并呈董事长核定。

3. 普通员工的晋升分别由部门经理或主管提议，呈总经理核定，并通知行政部。

以上晋升制度围绕员工晋升范围、员工晋升类型、员工晋升形式、员工晋升依据和员工晋升权限作了规定，很多餐饮企业的管理者在设计晋升制度时都会考虑这几方面的内容。

8.1.2　员工降职审核权限

在员工的异动管理中有升职就有降职，不过企业内一般不轻易对员工进行降职，常见的降职情况有以下几条。

◆ 由于企业机构调整而减少工作人员。

◆ 不能胜任本职工作，又没有其他的岗位空缺，则需要降职。

◆ 应员工要求，如身体健康状况不良不能承担繁重、危险工作等对员工进行降职。

◆ 按企业的奖惩规定，对员工进行降职。

降职不同于升职，对员工来说可能是一种打击，如何调整好员工的心态，让其在新的岗位中能认真工作，是餐饮企业管理者要做的工作。尤其是心理素质较差的员工，管理者应给以更多的关心与呵护，多鼓励、多沟通。

降职程序一般由用人部门提出申请，然后报人力资源部门审批，人力资源部门根据企业规章制度，对各部门主管提出的降职申请进行调整，然后呈请企业人资部的主管核定。经核定的降职人员，人力资源部门应将降职决定予以发布，并以书面形式通知本人。

降职程序中涉及了一个重要的问题，就是降职的审核权限，企业一般会制定相应的管理规则来约定降职的审核权限，如下例所示。

四、员工降职的审核权限

1. 总经理、副总经理的降职由董事长裁决，人力资源部门备案。

2. 各部门经理级人员的降职由人力部门提出申请，报总经理核定。

3. 各部门一般管理人员降职由用人部门或人力资源部门提出申请，报经理审核，由总经理核定。

4. 各部门普通员工的降职由用人部门提出申请，报人力资源部门核准。

降职后，员工的薪酬也需重新核定，如果被降职的员工对降职处理不满，可向人力资源部提出申请，由人力资源部进行核准。

8.1.3 辞退员工

一般来说，企业不会轻易辞退已入职的正式员工，如果企业辞退员工的次数很高，这说明该企业的管理也存在一定的问题。企业辞退员工的方式有以下两种，如表8-1所示。

表8-1　常见的辞退方式

分类	具体描述
过失性辞退	是指企业在劳动者有过错的情况下，无须提前30天通知，而即刻辞退职工的行为。依据我国劳动法规定，过失性辞退主要有以下情形：①在试用期间被证明不符合录用条件的；②严重违反用人单位规章制度的；③严重失职，营私舞弊，对用人单位造成重大损害的；④被依法追究刑事责任的

续表

分类	具体描述
预告性辞退	是指企业在辞退职工时，按照法律的规定提前 30 天通知职工的方式辞退职工的行为。主要有以下情形：①劳动者患病或非因工负伤，医疗期满后，不能从事原工作也不能从事单位另行安排的工作；②劳动者不能胜任工作，经过培训或者调整工作岗位，仍不能胜任工作；③劳动合同订立时，所依据的客观情况发生重大变化，致使劳动合同无法履行，经双方协商不能就变更劳动合同达成协议的

虽然辞退员工代表用人关系的终结，但是管理者一定要注意做好后续处理，以免因为辞退不当造成一些不必要的损失和麻烦，如以下几种常见的辞退不当的情况。

◆ 辞退员工时无透明度，被辞退人员觉得莫名其妙，或是管理者因为私人恩怨开除员工。

◆ 克扣被辞退人员工资。

◆ 员工因为一点小失误被辞退，或是对被辞退人员随意指责。

辞退不当会造成不好的后果，如导致被辞退人员与企业形成矛盾，造成被辞退人对公司的不满，影响企业的美誉度；或是对内部产生影响，让在职员工感到不安，从而对公司产生不信任感。所以做好辞退管理也是管理者分内的工作，那么应如何做好呢？主要从这 3 个方面入手。

辞退前要说明。不管出于何种原因辞退员工，都要向员工清晰说明原因，对于曾经为公司做出贡献的员工，应尽可能在公司内为其寻找其他合适的岗位，实在不能胜任的情况下可为其推荐其他公司。

辞退时要公开。为了避免在职员工的胡乱猜测，造成不好的影响，辞退员工时要发布辞退通知，并写明理由，让公司员工了解事实。此外，在被辞退员工离开时应当尽量让他体面，可为其举办送行会或举行送行聚餐。

其餐饮集团在几年前从日本高薪聘请了一位高级厨师，负责菜品的研发和制作，来的时候迎接场面非常隆重。不过最近该名高级厨师已被辞退，公司管理层并未为其准备送行会，而且在半月后才给各部门下发了正式通知。

公司的这种做法给各部门管理人员带来了很多困扰，公司内部都在猜测辞退高级厨师的原因，以及新任该岗位的人员是谁。在公司内部造成了很不好的影响，如果管理者能够事先处理好这些事，公司内部也可以如常运行。

辞退后要热情。许多餐饮企业的管理者会对被辞退者进行批评，这是一种很不好的做法，会影响在职员工对管理者的看法。而且如果能给被辞退者一个尊重，员工往往在离开公司时可能会对公司的管理、营销、生产等提出更理性的建议和意见。

8.2
餐饮企业考勤管理

随着餐饮企业的不断发展，员工人数增加也为企业的考勤管理带来难题，很多问题如员工排班规则复杂、班段不固定以及临时调班状况多等都急需解决。

8.2.1 考勤管理前的准备工作

考勤管理是企业事业单位对员工出勤进行考察管理的一种管理制

度，包括排班管理、请假管理（带薪年假管理）、补卡管理、加班申请管理、日出勤处理以及月出勤汇总等内容。

在进行考勤管理工作前，管理者要做好前期准备，主要包括制度准备、考勤设备准备以及考勤管理者人员落实准备等，具体的步骤如图 8-2 所示。

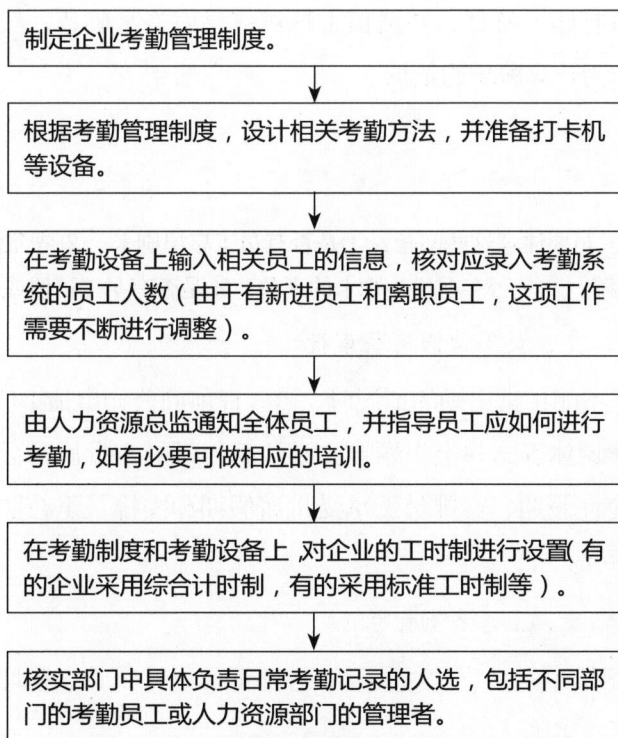

```
┌─────────────────────────────────────────┐
│ 制定企业考勤管理制度。                    │
└─────────────────────────────────────────┘
                  │
                  ▼
┌─────────────────────────────────────────┐
│ 根据考勤管理制度，设计相关考勤方法，并准备打卡机│
│ 等设备。                                  │
└─────────────────────────────────────────┘
                  │
                  ▼
┌─────────────────────────────────────────┐
│ 在考勤设备上输入相关员工的信息，核对应录入考勤系│
│ 统的员工人数（由于有新进员工和离职员工，这项工作│
│ 需要不断进行调整）。                      │
└─────────────────────────────────────────┘
                  │
                  ▼
┌─────────────────────────────────────────┐
│ 由人力资源总监通知全体员工，并指导员工应如何进行│
│ 考勤，如有必要可做相应的培训。            │
└─────────────────────────────────────────┘
                  │
                  ▼
┌─────────────────────────────────────────┐
│ 在考勤制度和考勤设备上，对企业的工时制进行设置（有│
│ 的企业采用综合计时制，有的采用标准工时制等）。│
└─────────────────────────────────────────┘
                  │
                  ▼
┌─────────────────────────────────────────┐
│ 核实部门中具体负责日常考勤记录的人选，包括不同部│
│ 门的考勤员工或人力资源部门的管理者。      │
└─────────────────────────────────────────┘
```

图 8-2

8.2.2　餐饮企业员工考勤管理流程

在做好考勤管理的相关准备工作后，就要正式对员工进行考勤管理，流程如下。

◆ 第一步，对员工的出勤情况进行记录

由各部门负责考勤记录的人员或考勤设备对员工的出勤情况真实记录，保留好原始记录的凭证。当前，国内餐饮企业多采用打卡或指纹式打卡的考勤方法，员工通过 ID 卡或指纹记录考勤。

每月月底，由负责考勤的人员将公司考勤系统内的数据从电脑上导出，进行打印、统计，并请员工核对信息后签字确认，然后交给人力资源部作为计算薪酬的依据。

加油站

负责考勤的人员要注意这些问题：①是否有员工忘记刷卡；②是否有员工的 ID 卡出现故障；③是否存在代为刷卡的现象；④是否有员工请假或出差等。

◆ 第二步，员工请假需获审批

在员工不能正常出勤的情况时，需要提前向公司申请事假、病假、特殊休假、调休等，并上报领导批准。获得领导审批后，会出现通知请假员工允许假期、安排员工享受带薪假期和安排员工在法定节假日休假 3 种情况。

◆ 第三步，汇总考勤记录

人力资源部门每个月对员工的考勤记录进行统计、整理，然后交给相关员工签字确认。

◆ 第四步，资料存档

将经员工确认的考勤记录整理、归档，并提供给财务部门，作为企业支付员工薪酬的计算依据。

人力资源部应每个月做一次考勤资料的整理归档工作，一般分部门对档案袋进行保存，并规定保存时限，一般为 3 年。当然，保存时间越是长远越保险。

8.2.3 考勤管理人员要注意哪些问题

虽然，考勤管理大同小异，不过每个餐饮企业的自身情况不同，企业结构也不同，所以要根据实际情况以及员工反馈意见，制定考勤管理制度，同时需注意以下两个方面的内容。

（1）考虑员工构成

虽然都是餐饮企业，不过形式不一、方向不同、员工构成不同，企业的考勤管理也要有所不同，如下例所示。

某餐饮企业以门店销售为主，打造年轻人都爱喝的热饮，公司内的多数员工是本科生，年龄在 30 岁左右，思维超前、精力充沛，不过常会出现自由散漫的情况，而导致工作效率不高。公司采用一般的考勤管理模式，结果差强人意，反而让工资不理想的员工加快了辞职的步伐，对企业也是一种损失。

后来，该企业的人力资源总监结合员工的构成，在一般的考勤机制上，添加了"及时扣罚"的考勤管理规定——迟到早退者按每分钟一元钱自觉及时扣罚，公司管理层加倍，所集金额用作设备更换等项目。

因为上例的公司年轻人较多，虽然有工作效率但不免懒散，所以可采用及时扣罚的方式及时制约，并互相监督。对于企业中年轻员工所占比例较大的情况，最重要的一点就是不要将制度设置的过多过密，年轻员工一般不愿受制度的束缚，越是简单的管理他们越能接受。

（2）考量企业的发展阶段

企业发展阶段不一样，规模就不一样，员工的人数和组成也不一样，为了让考勤管理适合企业的不同阶段，管理者应及时调整考勤制度，不能每一个阶段都一成不变。

某餐饮企业在起步阶段时，规模较小，人数较少，所以考勤管理由总经理负责，没有形成具体的规章制度，所以难免有疏漏。随着企业不断发展，员工人数变多了，可是迟到早退的现象也增多了，只有考勤制度化才能约束所有员工。不过总经理不想太多约束员工，所以采用了人性化的管理方式。

员工迟到10分钟以内的不做记录，超过3次的要记录下来并罚款50元。不过虽然有用，但半年下来很多员工都有迟到3次的问题。于是总经理只有在此规定的基础上进行补充，如果部门整体全勤，每个人每月奖励200元。

结果在制度的不断改进下，员工迟到早退的情况好多了，除非不得已的情况，员工很少迟到。

每个餐饮企业都会经历不同的发展阶段，管理者必须根据发展规模的变化调整考勤管理制度，以减少员工迟到早退的情况。尤其是在发展后期，企业领导者不能时时影响员工，只能通过良好的制度来实现这一目的。

8.2.4 考勤管理中的疑难问题

现在很多餐饮企业的考勤设备越来越智能，越来越先进，所以为管理者们减轻了一些负担，但是在实际工作中还是会遇到一系列的问题，管理者们一定要注意避免。

◆　问题一，代替打卡

代替打卡是很多企业都会遇到的管理上的漏洞，企业规模越大，就越不好管理。所以为了做好监督管理工作，管理者们也要多想法子，比如添加纸质签到管理、定期抽查或是在打卡机旁边安装摄像。

◆　问题二，管理模式化

餐饮企业的部门、岗位不同，员工所做的工作就会有很大的差别，对于经常出差或是外出的员工来说，太过标准的打卡时间可能对他们不实用，所以考勤管理也不能太模式化。

◆　问题三，考勤方式太复杂

由于企业的人力管理备受重视，所以考勤的设备也在不断推新，现在除了 ID 卡考勤、指纹考勤，还有人脸识别等不同设备。有的企业为了更好地监督员工，既设置了纸质考勤又设置了指纹考勤，还设置了人脸识别，结果造成很多误差。

◆　问题四，未对工作时间进行明确规定

在设置考勤制度，对公司统一的工作时间要做明确规定，这样才能在月末的薪酬计算中得出准确的结果。比如规定公司工作时间为上午 9:00 ~ 12:00，下午 14:00 ~ 17:00。

◆　问题五，未规定休息时间

一般来说，在中午时会有 1 ~ 2 个小时的休息时间，有的企业在半下午的时候还会有半小时的活动时间，如果企业不明确规定，之后因此产生纠纷的话，会给人力资源部带来很大的工作量。

◆　问题六，未有超时打卡和加班的规定

员工考勤还涉及加班费的问题，如果员工超时打卡下班算个人行为还是加班呢？如果是加班，那么在月末计算薪酬时，需要按加班工资计算。

◆ 问题七，缺勤记录未注明事由

在管理者进行考勤管理时，不一定出现每个员工都全勤的情况，那么管理者应对员工的迟到、早退、缺勤和请假事宜进行相关记录，并保存归档，以备查阅。

鉴于在考勤管理中有那么多的问题，所以管理者也要从各个方面加强管理，如下所示的一些方面仅供参考。

加强考勤管理理念。不仅管理者要有考勤管理意识，还要定期开会向员工传达考勤管理的重要性，只有每个人都配合公司的考勤管理，月末拿到的工资才是公平合理的。

改进考勤记录表。考勤记录表一般要包括上下班时间；迟到、早退次数；请休假情况等内容。如果考勤表过于简单，容易引起员工与企业的矛盾。

加班统计要分开。在一个考勤周期内（多为一个月），对每个员工的上班时间和加班时间分开统计。因为加班时间的工资计算更为复杂，分开统计更有利于月末的薪酬统计。

签字确认不能少。无论考勤记录汇总如何，都需要员工本人的签字确认才行，如果员工有异议可以进行申诉，管理者要拿出令人信服的依据，一切处理妥当后，再交财务部核算工资。

8.2.5 提高处理考勤的工作效率

某餐饮企业的规模不算大也不算小，为了规范员工考勤，特地安装了指纹打卡机，并与门禁相连，在进门的时候就一并打卡，形成考勤记录。

　　该企业对加班时间和正常上班时间的打卡没有做明确的规定，所以导致有的员工一天有好几次打卡的记录，而考勤记录员对此很难整理，不知道怎样算正常上班，怎样算加班。结果工作量不断增多，导致好多考勤记录员干不下去了。

　　其实做好考勤记录管理并不是什么难事，需要企业提前制定制度，再按照制度办理就是了。如上例中将门禁与打卡结合起来的，除了正常的上下班打卡，其余时间的打卡，管理者可重点标记——注明，通过向员工本人询问，或是向主管核实，弄清员工是私自外出还是外出办事。

　　想要提高自己工作的效率，除了耐心、细致以外，还要配合其他一些工作，才能不断进步。

　　◆　发现问题，调整改进

　　善于找到问题，也是能力的一种。对考勤管理来说，考勤班次设计如果有问题，的确会加大管理人员的工作量，所以考勤班次要因岗而设。只有每天关注工作，发现问题、努力解决问题才能一步步提高效率。

　　◆　提升工作技巧

　　企业管理者在推行某些打卡考勤设备时，应组织全体员工学习，让所有员工了解设备工作原理，对于考勤管理的工作人员还需了解如何对考勤记录进行导出编辑，如何使用 Excel 软件进行汇总等。

　　◆　考勤制度要明白

　　考勤管理一塌糊涂多半是因为员工并没有对考勤引起足够的重视。所以在企业实施考勤制度时，除了颁布制度，还要对员工进行宣讲、培训，让员工充分了解考勤制度，方便管理者管理。

◆ 处罚要到位

制度的实施免不了处罚，管理者对处罚的规定要明确，以免引起员工的争议。在对员工进行处罚时，要有理有据，让其他员工明白公司考勤管理的公平性。

8.2.6 制定考勤管理制度

人力资源部在制定考勤制度时不但要考虑国家法律法规，还要考虑单位利益，更要考虑到员工的福利。所以人力资源部要协调好各方的利益制定管理制度，应该如何着手呢？考勤管理制度的主要内容分为3部分：总则、考勤管理和休假管理。

◆ 总则

每项制度都有总则的内容，考勤管理制度的总则主要规定适用范围、考核项目、企业作息时间以及工作时长等相关内容。

◆ 考勤管理

考核管理主要规定考勤方式、考勤打卡时间、请假申请、审核程序、迟到、早退、旷工等情形的内容。

◆ 正常休假

正常休假即正常休息日和法定节假日，国家规定的周末双休和法定节假日，企业应在制度中予以说明，让员工了解公司的基本休假制度。

◆ 其他休假

除了国家规定的休假，还有一些女性员工特有的假期，如产检假、产假、哺乳假、陪产假等，还有婚假、丧假、工伤假等。值得特别提出的是企业的年休假，一般餐饮企业都会有的，很多企业是按照弹性休假自行调控。

无论以何种事由申请休假的，必须按流程申请休假：填写申请表→领导审批→人力资源部审核→销假。该怎样规定不同形式的休假呢？

事假。根据事情的轻重缓急规定时长。

病假。根据病情的严重程度或是有关的医疗机构出具的诊断证明进行报审。

婚假。根据现有最新法律规定时间，单位可根据员工地域往返等情况做弹性规定。

产假。各个地区国家规定的产假天数不一，企业需按当地的规定制定产假天数。

8.3
员工管理常用制度与表单

表单 员工未打卡情况登记表

表单 月度考勤统计表

员工考勤打卡管理制度

一、为加强员工打卡考勤管理，严肃工作纪律，特制定本制度。

二、员工必须严格遵守公司规定的作息时间，在上午上班、下午下班时自觉打卡，以打卡记录作为员工月度考勤的依据。

三、员工只要进入公司和离开公司，无论几点都要打卡，否则按缺勤进行相应处理。

四、员工每次打卡时须以考勤机语音播报"谢谢"确认有效。人力资源部统计员工月度出勤情况以考勤机记录为准，出现以下几种情况的处理方式为：

1. 上班时打卡，下班时未打卡的，按照早退处理。

2. 上班时未打卡，下班时打卡的，按照迟到处理。

3. 上下班均未打卡的，按照旷工处理。

五、为避免因考勤机确认延误，造成员工考勤不准确影响考勤的情况，每位员工允许打卡缺少次数为3次/月。人力资源部进行月度考勤核对时，缺少3次以内的考勤记录不影响考勤结果，多于3次的考勤记录缺少次数计入迟到、早退或旷工处理。

六、员工因病假、事假等原因不能打卡产生的迟到、早退等缺勤记录，由人力资源部根据本人的请假条办理核销登记。后勤员工向人力资源部递交请假条的时间最迟为请假时间后两日内，逾期人力资源部不予受理。因未向人力资源部递交请假条，造成的考勤责任由本人承担。

七、员工因下列情况之一，不能打卡产生的迟到、早退或缺

勤记录，由员工本人持中心负责人签批的员工外出/请假条向人力资源部办理核销登记。后勤员工向人力资源部递交外出/请假条的时间最迟为公出时间后3日内，逾期人力资源部不予受理。未及时办理核销登记的，造成的责任由本人承担。

1. 因公出差的。

2. 确因工作需要，上班前需直接外出开会、办事的。

3. 上班后外出办事、下班时不能按时返回的。

各位后勤员工在形成上述公出事实之前，应征得公司中心领导同意，无领导签字的外出假条一律无效，领导对签字假条的真实性负责。

八、考勤结果用于核算后勤员工当月薪资，并作为员工工作评价、人员晋升的重要依据，具体考核如下。

1. 每迟到、早退一次，扣除本人当月基本工资30元；一月内累计迟到、早退4次以上的，超出次数双倍扣除基本工资。

2. 旷工期间扣发工资：每旷工半天，扣除本人当月基本工资100元；当月连续旷工3天及以上，或累计旷工4天及以上，扣除本人当月基本工资500元；旷工期间，同时按其日均工资标准扣除其岗位工资。

九、为了维护公司的整体形象，严肃工作纪律，员工要树立大局意识，自觉遵守考勤打卡管理制度，不得出现有损于团队的言论和行为。员工出现无理取闹，违反公司考勤制度且不服管理或公司主管领导营私舞弊的，给予通报批评，造成不良影响的，双倍扣除相应工资。

十、本制度于2019年7月3日起执行。

模板 员工考勤打卡管理制度

用激励制度完善薪酬体系

　　如果一个企业内员工的工作热情不高，势必会影响企业的正常发展。企业管理者应该通过一系列的激励手段，例如高弹性的薪酬模式，对员工进行薪酬激励，提高员工的工作积极性。

9.1

激励的基本模式

在员工管理中，激励有着非常重要的作用，如果企业有完整的激励模式，就可以轻松的激励员工，提高工作效率，为企业带来更多利润。激励并不是简单的因果关系，不是管理者简单设置了激励目标，就能得到所需的行动力，那要怎么设置工作目标呢？

9.1.1 设定工作目标

工作目标设定是衡量被考核人员工作范围内的一些相对长期性、过程性、辅助性的难以量化的关键任务的考核方法。所谓工作目标设定就是由主管领导与员工在绩效计划时共同商议确定，员工在考核期内应完成的主要工作及其效果，考核期结束由主管领导根据所设定的目标打分的考核方式。

管理者在设置工作目标时，应注意以下一些事项。

◆ 与关键绩效指标的设计遵循同样的原则，但侧重不易量化和衡量的领域。

◆ 职能部门人员的工作目标是关键绩效指标的补充；基层员工的工作目标是全年的绩效计划。

◆ 不用选择所有工作内容，只选对公司有贡献的关键工作区域。

◆ 数量不宜过多，一般不超过 5 个。

◆ 工作目标应针对不同工作方面，不应重复。

设计工作目标的流程如下所示，主要分为 5 步：部门计划→职位分析→确定工作目标→设计目标权重→审核目标。

首先，管理者应根据公司本年度的工作计划，与各部门主管协商本部门的年度绩效计划，可通过以下一些问题来帮助管理者完成目标规划。

部门在企业中的价值是什么？

部门的主要经营活动及产出是什么？

通过该部门的工作实现了企业的哪些战略目标？

工作成果的优劣如何影响企业的整体效益？

在关键管理流程中与其他部门的合作及相关性如何？

其次，管理者需要进行职位分析，这点在前面的章节中也讲过，主要是列出工作活动的内容，然后归纳合并工作活动内容，写出工作职责描述，根据主要工作职责，确定主要的工作目标。

再次，确定每项工作目标的权重，可根据每项工作目标的重要性来决定各个目标所占的权重。

最后，检查所设目标是否明确、可衡量，检查所设工作目标与其他职位的工作目标的关联性及一致性，使该职位目标与其他职位目标间保持一致和相互关联。

9.1.2　进行充分授权

充分授权也叫一般授权，指上级在下达任务时，允许下属自己决定行动方案，并能进行创造性工作。以这种方式进行授权并非上级向下级指派特定任务，而是上级向下级发布一般工作指示。先来看看下面一个案例。

我们都知道最近两年很火的一个餐饮企业海底捞，该企业创造了一种全新的服务模式，并在全国范围内迅速被接受，成为火锅行业的领头人。为什么海底捞的服务模式这么受欢迎呢？

海底捞在员工管理上与其他餐饮企业都不同，他们鼓励每位员工都积极参与到企业管理中来，所以海底捞的中高层管理人员都会被赋予一定的审批权或签字权。

除了管理层，海底捞的一线服务人员也被赋予了决策权，他们可以根据实际情况决定是否可以免费赠送顾客菜品，或是在顾客生日的时候赠送生日蛋糕。同时，他们还有免单权和折扣权。

这样，顾客可以得到无微不至的服务，从而吸引更多的顾客。当然企业授权给员工就要做出相应的处罚规定，以免员工滥用职权。这样实现了企业的不断扩张。

从上例可以看出，充分授权给员工可以获得意想不到的收获，并且可以减少企业内不必要的流程和人工成本，提高决策的执行效率。如何科学地进行授权呢？首先要考虑3个因素：做什么？让谁做？如何做得更好？这需要通过不断改善授权体制来做到。

第一，管理者应转变自己在企业中扮演的角色，从管理者变为领导者，即了解企业的发展战略、文化价值观，并将这些与员工的业绩、工作内容结合起来，为实现授权打好基础。

第二，调整授权体系。企业在不断发展，员工结构在不断变化，那么企业的授权也应该与时俱进，如以前只对管理层放权，现在可对技术人员放权，以便能更快更好的研发菜品。

第三，建立惩罚机制。要想员工个人约束自己的行为，是一种天真的想法，企业管理者应该明白惩罚机制的作用，如设置监督部门定期抽查员工是否滥用职权，如被发现就扣除该月奖金。

第四，授权机制的内容要完善，主要包括被授权者的权限范围（如只有折扣权没有免单权）、授权的尺度（适度授权）和监督机构的权限（不随意干涉工作）等。

第五，制定紧急应变计划。中国老话讲居安思危，企业管理者要知道，授权给员工可能会出现的问题及发生的概率，并制定出相应的解决方案。

9.2
长期激励的设计

现在，很多企业对员工的激励已经不单停留在短期激励上面，除了绩效奖金、津贴以外，很多企业还会通过长期激励设计留住员工，包括社保、继续深造和持股等方面。

9.2.1 股权激励的十种形式

股权激励能让企业与员工成为利益共同体，让员工把公司的利益当成自己的利益。主要有两个方向：一与奖励相关，二与福利相关。常见的股权激励有多种形式，企业的情况不同，选择也不同。

◆ 股票期权（Stock Options）

股票期权指在一个特定的时间内，以一种事先约定的价格购买公司普通股的权利。其特点是员工有购买的权利，股票期权是使用最广的股权激励计划。

◆ 绩效股份计划（Performance Share Plan）

绩效股份计划是一种股票授予计划，在一定时期内（3～5年）达到事先确定的内部或外部绩效目标，激励计划的接受者才有资格获得这些股票。其特点是将绩效目标和股票价格分红有机结合。

◆ 限制性股票奖励（Restricted Stock Award）

限制性股票奖励是公司按照预先确定的条件授予激励对象一定数量的本公司股票，激励对象只有在工作年限或业绩目标符合股权激励计划规定条件的，才可出售限制性股票并从中获益。

该方式有条件限制，员工不能随意将股票进行抵押、出售或者转移。不过可在受限期间获得股息和投票权，一旦限制消失，员工可将所有的非受限股份，进行抵押、出售或者转移。当然，员工不遵守限制性要求，也会失去相应股份。

◆ 限制性股票单位（Restricted Stock Unit）

限制性股票单位指企业与员工约定授予发行潜在股票的协议，在员工达到授予计划的要求时再授予股票。其特点是这是一种约定，约定未来一定时间内员工可以购买公司的股票。

◆ 加速绩效限制性股票激励计划（Performance Accelerated Restricted Stock Award Plan）

是一种基于绩效授予股票的方式，在这类的授予计划中，时间的限制可以延伸至10年。更长的限制时间，能更好地留住人才，加强了提前确定的绩效标准限制的激励特征。

◆ 股票增值权（Stock Appreciation Right）

股票增值权是一种长期激励工具，通过公司的股票增值权计划，授予相关管理人员获得预期股份未来增值部分的奖励的权利。其特点是员工不必购买股票，便可以获得增值的现金。

◆ 影子股票（Phantom Stock）

指公司与相关管理人员约定的一种基于公司股份登记价值、公允市场价值或者公式价值等增值的激励计划。其特点是不实际拥有公司股票，但如果在一定时期内公司的股票升值了，可得到与股票市场价格相关的一笔收入。

◆ 绩效单位计划（Performance Unit Plan）

指员工在获得相应的绩效单位之前必须在一定时间期限内（一般3～5年）达到事先约定的外部或者内部绩效目标的一种激励计划。绩效单位的价值和股票价格无关，以现金的方式支付奖励。

◆ 员工股票购买计划（Employee Stock Purchase Plan）

指员工在特定的时间内委托公司扣除一部分薪酬以购买公司股份，内部购买一般可以折扣价购买公司股票。这是一种福利计划，使员工能够分享企业的效益。

◆ 员工股票所有权计划（Employee Stock Ownership Plan）

员工股票所有权计划是一种限制性固定缴费计划，能够参与该计划的员工能够在退休或离职时获得累积的公司股份。雇主每年会缴纳固定的费用，这些费用会累积成员工的福利，不过这种福利额度事先无法确定。在离职后，员工只能继续持有公司股份，而不能将其出售。

9.2.2 股权激励设计的关键因素

现在，规模较大的餐饮企业都会给核心员工长期激励，以留住人才。而股权激励就是最普遍的一种方式，如何对股权激励方案进行设计是管理者要考虑的问题，其中一些关键的因素是管理者必须要考虑到的。

（1）激励对象

激励对象即股权的受益者，有3种方式可供企业管理者进行设置：一是所有员工参与（创业初期）；二是大多数员工参与，为了留住人才发展企业；三是核心员工（多为技能型人才、高级管理人员）。

另外，股权激励不是没有限制任何人都可以参加的，在设置时要规定一些基本的限制，只有达到要求的人员才能持有股份。

（2）购股方式

购股方式即为购买股票的资金来源，主要包括员工现金出资、公司历年累计公益金、福利基金、公司或大股东提供融资、员工用股权向银行抵押贷款等方式。

有的企业会采取非常规的方式购买股票，比如每月从员工工资里按比例扣除，这样可以节约成本，也能从另一方面留住员工。

（3）管理机构及操作

通常，企业如果要实施股权激励计划，首先要组建一个专门的小组来管理相关事项，目的是保证所有工作公开、公正、公平。最重要的是，在实施该项计划时，一定要向员工宣传利益共同的理念，让员工将企业的利益放在首位，留住人才。

如某餐饮企业，在每一个特定时间内，都会召开公司会议，向员工汇报公司的发展状态、本期收益和股份收益，并根据收益计算员工所得分红，当然标准不一，每位员工所得分红会有差异，不过这也能激发员工的动力，让员工为企业付出更多。

当然，有的企业会委托信托公司代理操作股权转置操作，签订相关协议，员工只需在信托公司开立账户，再由信托公司将相应的股份转入员工的账户即可。不过，委托信托公司要收取一定的手续费。

（4）退出机制

退出机制是企业管理者需要设计的关于退出激励计划的一些规定，主要有 3 种情况。

一是正常离职，在劳动合同期满后不再续约的员工，或是退休、伤残等情况的离职，企业往往会按照合同规定让这些员工享受股权红利，或是给予一定的补偿。

二是非正常离职，指劳动合同未满，员工主动离职的。那么就要根据公司规定取消或允许已经授予的股权收益。通常，如果员工主动离职并未给公司造成损失，且没有违反保密协议，大部分企业是不会收回员工已得到的股权收益。

三是开除，这种情况企业都是按照相关规定取消该员工享受股权收益的权力。

（5）员工持股总额及分配

主要包括股权激励总量、每位收益人的股权激励数量以及用于后期激励的预留股票数量等内容。管理者需根据实际情况确定相关内容，并报证监会和股东大会通过。

通常，每位收益人的股权激励数量是按职位来区别的，通过公司的职位评估结果和员工年收入，来确定股权比例。对于新就职的员工，包括高级管理人员，可在进入公司后立即参与到公司的中长期激励计划中，不过可分阶段参与，在试用期过后的一年里先享受 50% 的比例，一年之后再享受 100% 的比例。

9.2.3 股权激励的操作流程

了解了股权激励设计的相关要素后，管理者该如何执行股权激励呢？具体的流程又是什么呢？以最常见的股份期权为例，简单了解股权激励的一些基本操作流程。

（1）确定目标

确定股权激励的目标，不是管理者一个人或一组人能够确定的，其中涉及很多方法（调查问卷、会议等），还要与董事、股东一起协商。常见的目标有以下几条。

◆ 调动企业管理层及核心员工的积极性。

◆ 实现公司利益共同体。

◆ 留住高级人才，引进优秀人才。

◆ 降低高级管理人员的薪酬成本。

目标不同，激励方式也不同，如果要留住高级人才，就要给予实际的利益，所以虚拟股权的作用不大，企业要给予实际股份；如果想要长期激励员工，就要避免一次性赋予；如果想引进优秀人才，就需提供充分的股权资源。

（2）起草方案

任何计划都需要一个方案，方案内容大致要包括：激励模式、目标对象、来源、额度、约束条件及其他。

由于股权激励方案较为复杂，涉及很多专业问题和操作细节，所以企业会选择专业顾问来起草或指导，不过并不是将所有工作都要给外部人员，方案起草仍需要企业股东、董事和参与对象一同参与，提出意见。

（3）起草考核条件

长期的股权激励会加大公司的运营成本，所以激励对象的选择就不能随意，需要设置合理的考核条件，只有达到了条件的员工才能参与进来，因为这代表该对象已经为企业获得了许多利益。

为公平起见，考核条件最好能够量化，这样管理者和员工都能据此员获得应得的激励股份。还需注意考核条件不能太轻松，也不能太苛刻。考核条件一般可作为股权激励方案的附件存在。

（4）方案决议

股权激励方案相关内容起草完毕后，还需经股东会或董事会决议通过。在某些涉及实际股份变更的激励方案中，需要进行增资或是原股东出让部分股份，所涉及的一系列操作都很复杂，可能还会修改公司相关章程，办理工商变更登记，没有股东会的决议是无法完成的。

对于那些不涉及实际股份变更的激励方案，比如虚拟股票制，则不需要股东层面的决议，只需公司管理层的最高决策者通过即可。

（5）召开说明会

股权激励方案决议通过后，一般要安排说明会，对通过的方案内容进行说明。一是让参与对象了解股权激励方式；二是对考核条件和行权条件进行说明；三是让参与对象了解自己最终所得，这也是最重要的一点。

（6）签署协议

股权激励本质上是企业和参与对象达成的在一定条件下利益让渡的协议安排，只有形成书面协议才会产生约束力，双方才能就股权激励方案的内容做好各自的工作。

另外，在情况发生变化的时候，如员工离职、违纪等情况，公司能有根有据的收回股份，确保股份不随意流失；或是在方案有变动的情况下，如有新投资者时不会毫无章法。

（7）考核行权

企业与员工签署协议后，在一定期限内根据约定的考核标准和方式对员工进行考核，考核期结束后，确定参与对象是否有条件行权。无论何种情况都需对员工进行说明。

（8）转让登记或撤销、回购

员工获得实际的股权激励后，即获得股份，办理登记，即成为真正的股东。之后如有离职、违纪、死亡等特殊情况，未行权的部分予以撤销，已行权的部分公司可进行回购，回购之后重新办理股权登记，恢复到未行权以前的股份状态。

9.2.4 股权激励合同中的注意事项

管理者在设计股权激励协议的时候有一些基本的事项需要注意，包括产权、入股比例等，否则容易使公司蒙受损失。

◆　股东结构

在协议里需要清楚写明实际股份和激励股份的占比，要体现注册股东和参与激励计划人员的结构关系，如下例所示。

第五条 甲方出资总额为伍拾万元整，以实际人民币形式出资，出资比例及股东股权比例如下表 9-1 所示。

表 9-1　股东出资情况

姓名	李华	王云
出资人民币（万元）	50 万元	—
所占股份比例（%）	90%	10%

1. 公司总经理王云经考核合格后，即可得到 10% 的期权股份，如在 3 年内离开公司，即不再拥有期权股份；如在工作 3 年以后离开公司，其拥有的股份转为注册股，公司可按原始注册资本进行回购。

2. 公司拿出 10% 的分红用来奖励高管人员，具体办法由股东会进行决议。

◆　员工入股方式

员工入股的方式有多种，可以通过现金或公司奖励，根据公司激励政策的不同，大致可分为两类。

①注册股：资金、资本、资产和产权入股。

②期权股：技术、能力和管理入股。

同样需在合同中写明，如下例所示。

第十条 技术入股

1. 乙方以酱料秘方的技术为基础，作为入股甲方企业的资本，占有甲方企业股份 5%。

2. 技术所有权：各自现有技术归各方自行所有，各方技术不因合作方式而改变所有权属性。

◆ 产权利润

产权利润是公司利润的根本，对公司盈利有非常重要的作用，所以管理者要注意 3 点内容。

①公司原有专利、知识产权应申请产权保护，所有权归公司。

②公司现有研发技术应立即申请产权保护，所有权归公司，发明人可享受增股权力。

③立即将享有争议的技术申请专利，保护公司竞争力。

◆ 经营权力

一般来说通过管理协议书或授权书委托股东权益，入股的小股东会委托大股东代行管理决策，经公证后生效。

9.3
股权激励的应用

前面介绍了股权激励的相关理论知识，下面我们通过限制性股票和虚拟股票来具体看看股权激励的应用。

9.3.1 限制性股票应用

限制性股票的激励模式有两种：折扣购股型和业绩奖励型，如表 9-2 所示。

表9-2 限制性股票的激励模式

分类	具体描述
折扣购股型	该模式的激励对象需支付现金购股，根据期初确定的业绩目标，以低于二级市场的价格售于激励对象一定数量的本公司股票
业绩奖励型	该模式是由公司支付现金购股，公司从净利润或净利润超额部分中按比例提取激励基金，设立激励基金专门账户，从二级市场购买公司股票，并将该股票按分配办法授予激励对象

与股票期权相比，限制性股票更适合成熟期的企业，这类企业的股价上涨空间有限，所以很多企业会将其与其他激励模式配合使用，以适应企业的不同发展阶段。如下所示是某餐饮企业实施的限制性股票方案。

一、股票来源及数量

来源：公司向激励对象定向发行的公司 A 股股票。

数量：向激励对象授予 1 214.45 万股公司限制性股票，占激励计划制定时公司股本总额 101 204.17 万股的 1.2%。

二、激励对象：高管层 8 人，高级厨师、中层管理人员和其他核心人员共 458 人。

三、限制性股票的首次授予价格为 5.89 元，满足条件的激励对象可以用该价格购买公司向激励对象授予的限制性股票。

四、解锁日：限制性股票激励计划的限制期为自限制性股票首次授予日起不超过 5 年，禁售期为两年。解锁期在首次授予日起满 24 个月后的未来 36 个月内分 3 期解锁，如下表 9-3 所示。

表9-3 限制性股票解锁情况

解锁期限	可解锁数量占限制性股票数量比例
第一个解锁期：自首次授予日起满 24 个月后的首个交易日至首次授予日起满 36 个月内的最后一个交易日止	50%

续表

第一个解锁期：自首次授予日起满 36 个月后的首个交易日至首次授予日起满 48 个月内的最后一个交易日止	30%
第一个解锁期：自首次授予日起满 48 个月后的首个交易日至首次授予日起满 60 个月内的最后一个交易日止	20%

以上案例是对限制性股票的普遍应用，大致规定了股票来源、数量、激励对象和股票限制期规定。

9.3.2 虚拟股票应用

虚拟股票模式避免了以变化不定的股票价格为标准去衡量公司业绩和激励员工，也规避了由于投机或其他宏观变量等不可控因素引起公司股票非正常波动时对期权价值的影响。虚拟股票和股票期权有一些类似的特性和操作方法，如激励对象、约定给予虚拟股票的数量、兑现条件等，不过也有如下所示的 3 点明显差别。

◆ 虚拟股票并不是实际认购了公司的股票，而是获取企业的未来分红的凭证或权利。

◆ 在虚拟股票的激励模式中，持有人的收益是现金或等值的股票；而在企业实施股票期权条件下，企业不用支付现金，但个人在行权时则要通过支付现金获得股票。

◆ 只要企业在正常盈利条件下，虚拟股票的持有人就可以获得一定的收益；而股票期权只有在行权之时股票价格高于行权价，持有人才能获得股票市价和行权价的价差带来的收益。

企业管理者在应用虚拟股票模式激励员工时要注意以下几个问题。

股票二级市场的风险。如果二级市场股票的波动幅度较大，可能会发生兑付危机，一旦今后股价大涨，公司的激励基金可能无法支付到期应兑现的金额，长期执行的话也缺乏相应的资金支持。

行权价确定问题。行权价定高了，企业获利空间小，不会有人去买；定低了则会使人感到不公平。国内企业如要确定行权价，最好让行权价低于当前股价，否则没有激励效果。

如何考核激励对象。对员工业绩进行科学的考核，是实现员工报酬与其业绩挂钩的前提。一般情况下，公司应将具体财务指标和在股票二级市场上的表现结合起来，设置有效的员工业绩考核体系。

9.4
餐饮企业员工激励常用制度

餐饮企业激励员工绩效考核奖惩制度

一、绩效考核规定

1. 主管级以上（含主管级、不含分店店长）绩效奖金主要是在月绩效考核浮动工资中体现，以处罚单和考评表并用形式执行：第一档（优秀档）分数为90分；第二档（良好档）分数为75分；第三档（及格档）分数为60分。

2. 主管级以下（不含主管级）绩效奖金主要是在月绩效考核浮动工资中体现，以处罚单形式执行：第一档（优秀档）分数为90分；第二档（良好档）分数为75分；第三档（及格档）分数为60分。

3. 累计12月绩效考核为一个年度周期，每月1日至月底最后一日为一个整月的考核周期，各分店月内每周一和每月1日前将处罚单按岗位分类汇总，上报行政人事部进行统计。

4. 第二月初行政人事部对各部门和各分店考核成绩汇总后报财务部。

5. 领班级以上（含领班级）绩效考核分为百分制，扣分执行，月底汇总；绩效奖金具体发放金额是根据月绩效考核成绩剩余分数汇总，达到相对应的档位分数，领取相应的绩效奖金；未达标月绩效奖金取消；若月绩效考核分数出现负数，负分部分将按照每分5元的标准在固定工资中扣回。

6. 基层员工绩效考核以绩效奖金一档为基础的，采取削扣形式：月底剩余分数为绩效奖金；若月底绩效分数出现负分，负分部分按照每分1元的标准进行扣罚。

7. 分店店长绩效考核表内容包括岗位职责、团队建设与管理合格率和营业指标完成率几方面。

8. 主管级绩效考核表内容包括岗位职责、标准化工作流程的执行、顾客投诉以及综合表现几方面。

9. 领班级绩效考核表内容包括岗位职责、标准化工作流程的执行、顾客投诉以及综合表现几方面。

10. 基层员工绩效考核表内容包括岗位职责、标准化工作流程的执行、顾客投诉以及综合表现几方面。

二、奖罚程序与权限

1. 公司部门、分店奖罚流程：直属上级下奖罚单→受奖罚人签字确认→执行→周汇总分类报行政人事部审核备档。

2. 行政检查奖罚流程：检查部门对店长下奖罚总单→店长对奖罚总单签字确认→店长根据总单下奖罚单→执行→周汇总分类报行政人事部审核备档。

3. 奖罚权限

（1）公司、分店有权取消员工绩效奖金的管理人员：总经理、行政人事部经理。

（2）公司、分店奖罚权限最高为100分/人的管理人员：总经理、行政人事部经理。

（3）公司各部门奖罚权限最高为100分/人的管理人员：财务经理、采购部长和营销经理。

（4）分店有权取消员工绩效奖金的管理人员：各分店店长。

（5）分店奖罚权限最高为100分/人的管理人员：各分店店长。

模板 餐饮企业激励员工绩效考核奖惩制度

分店员工奖惩制度细则

一、奖励制度细则

1. 在执行总公司的各项规章制度中，有下列条件之一者当月予以21～50分奖励。

（1）工作富有成效，分店管理经济效益特别突出者。

（2）分店经济效益长期保持稳定并有一定增长幅度者。

（3）积极致力于新产品的开发，其创造、发明对公司的发展具有重大影响者。

（4）分店保持高水平的管理且具有推广价值，经济效益良好者。

（5）提出的营销策划方案对公司系统内各分店具有普遍而明显的实际效果并被采纳者。

2. 各分店员工凡符合下列条件之一者当月予以2～20分奖励。

（1）行政检查多次受到表扬者。

（2）顾客给予口头、书面或电话表扬。

（3）在店长带领下，分店全员月绩效考核合格率达到98%以上。

（4）控制开支、节约有显著成绩者。

（5）在特殊情况下为公司挽回重大经济损失者。

（6）拾到客人遗失的贵重物品或现金上交或归还失主者。

（7）向公司举报本店管理人员违反规章制度经查属实者。

二、处罚制度细则

1. 月绩效考核汇总员工流失率超出5%，超出部分按照店长3分/人，前厅经理、厨师长按照2分/人处罚。

2. 月汇总分店全体员工绩效考核不合格率达30%，店长当月岗位工资按照85%领取。

3. 年汇总出勤率：有旷工记录或年累计病、事假超过20天者，取消年度晋级考核资格。

4. 本年度工作出现严重失职事件，给企业造成1000元以上（含1000元）的经济损失和名誉影响，取消年度晋级考核资格。

5. 年度分店店长出现本店员工或其他部门员工的重大投诉，年度晋级考核延长一个周期。

6. 年度汇总月绩效考核全员不合格率达到6次，取消店长近期年度晋级考核资格。

模板 分店员工奖惩制度细则

餐饮企业员工的福利设计

第10章
10

　　福利可以看作是员工的间接报酬，现在很多餐饮企业都会将福利管理作为薪酬管理的一部分，不仅能激励员工，还能帮助企业树立良好的社会形象。对于企业管理者来说，需要按照企业自身需要，设计福利项目，确定福利水平，才能真正发挥福利管理的作用。

10.1
员工福利的构成

企业应聘员工除了要给员工支付一定的报酬，还要给予员工一定的福利，这样才能吸引更多优秀的人才。员工福利有两种：法定福利和非法定福利。法定福利就是指我们常说的社会保险。

10.1.1 法定社会保险

社会保险是一种为丧失劳动能力、暂时失去劳动岗位或因健康原因造成损失的人口提供收入或补偿的一种社会和经济制度。社会保险的主要项目包括养老保险、医疗保险、失业保险、工伤保险和生育保险。

◆ 养老保险

养老保险是劳动者在达到法定退休年龄退休后，从政府和社会得到一定的经济补偿、物质帮助和服务的一项社会保险制度。餐饮企业管理者必须为职工购买基本养老保险。

新的参统单位（指各类企业）单位缴费费率确定为 10%，个人缴费费率确定为 8%。

◆ 医疗保险

城镇职工基本医疗保险制度，是根据财政、企业和个人的承受能力所建立的保障职工基本医疗需求的社会保险制度。餐饮企业的员工都要参加基本医疗保险。

基本医疗保险费由用人单位和职工个人共同缴纳，其中：单位按 8% 比例缴纳，个人缴纳 2%。参加基本医疗保险的单位及个人，必须同时参加大额医疗保险，并按规定按时足额缴纳基本医疗保险费和大额医疗保险费，才能享受医疗保险的相关待遇。

◆　工伤保险

工伤保险也称职业伤害保险，劳动者由于工作原因并在工作过程中受到意外伤害，或因接触粉尘、放射线、有毒害物质等职业危害因素引起职业病后，由国家和社会给负伤、致残者以及死亡者生前供养亲属提供必要物质帮助。工伤保险费由用人单位缴纳。

◆　失业保险

失业保险是国家通过立法强制实行的，由社会集中建立基金，对因失业而暂时中断生活来源的劳动者提供物质帮助的制度。餐饮企业的职工都应办理失业保险。

城镇企业、事业单位、社会团体和民办非企业单位按照本单位工资总额的 2% 缴纳失业保险费，其职工按照本人工资的 1% 缴纳失业保险费。无固定工资额的单位以统筹地区上年度社会平均工资为基数缴纳失业保险费。

◆　生育保险

生育保险是针对生育行为的生理特点，根据法律规定，在职女性因生育子女而导致劳动者暂时中断工作、失去正常收入来源时，由国家或社会提供的物质帮助。生育保险待遇包括生育津贴和生育医疗服务两项内容。

生育保险由用人单位统一缴纳，职工个人不缴纳生育保险费。生育保险费由用人单位按照本单位上年度职工工资总额的 0.7% 缴纳。

10.1.2 带薪节假日与假期

带薪假期是企业福利的一种，国家规定的节假日是带薪假期，员工可以带薪休假，带薪节假日如表10-1所示。

表 10-1　国家规定的带薪节假日

节假日	放假天数	节假日	放假天数
元旦	放假1天（1月1日）	春节	放假3天（初一至初三）
清明节	放假1天（农历清明当日）	劳动节	放假1天（5月1日）
端午节	放假1天（五月初五）	中秋节	放假1天（八月十五）
国庆节	放假3天（10月1~3日）		

除了法定节假日外还有一些假期也是可以带薪休假的，一般的企业都会给予员工这些福利，这也是国家规定，如表10-2所示。

表 10-2　国家规定的带薪假期

假期	规定
年假	根据国务院《职工带薪年休假的条例》规定，连续工作1年以上的，均可享受年休假。职工累计工作已满1年不满10年的，年休假5天；已满10年不满20年的，年休假10天；已满20年的，年休假15天
产假	按国家一般规定，女员工生育享受不少于98天的产假，包括15天的预产假。难产的增加产假15天；生育多胞胎的，每多生育1个婴儿，增加产假15天；女职工怀孕未满4个月流产的，享受15天产假；怀孕满4个月流产的，享受42天产假。此外，男职工也享有10天的护理假
病假	员工患病或者非因工负伤治疗期间，在规定的医疗期内，用人单位应支付不低于当地最低工资标准的80%病假工资
工伤假	职工因工作遭受事故伤害或者患职业病进行治疗，享受工伤医疗待遇。停工留薪期一般不超过12个月，伤情严重或者情况特殊，可适当延长，但延长不得超过12个月

对于从餐饮企业来说，可能越是节假日，工作任务越重，企业越

能营利，所以很多餐饮企业都不能在正常的节假日放假。但是为了保证员工的福利，管理者需要补足假期或是支付 3 倍工资。

除此之外，企业内部也可给予员工福利假期，包括公司的成立日，周年庆，或是工龄达到一定程度的无条件"带薪假期"。一般没有固定日期，只有固定天数，由员工根据自己的需要安排放假日。近年来一些人性化的休假也逐渐增多，包括男性产假、旅游假、儿童节亲子假等，福利较好的餐饮企业管理者都会在这些方面有所考量。

10.2 员工福利的类型

员工福利是企业人力资源薪酬管理体系的重要组成部分，是企业以福利的形式提供给员工的报酬。员工福利类型有多种，一般包括健康福利计划、补充住房计划或教育培训计划等形式。

10.2.1 健康福利计划

健康福利计划是为员工提供体检、医疗费用报销等保健福利，有的企业健康福利受益人还包括员工异性配偶或同性家庭伙伴以及子女。这是很多餐饮企业的管理者都会选择的一种福利方式，也是非常实际的福利，对每一个员工都有用，也是每一位员工都需要的。常见的方式有如下一些，可供管理者参考。

◆ 体检

体检是很多企业健康福利计划的首选，较大型的企业都会定期为员工安排体检，有的一年一次，有的一年两次。除了体检，还会安排员工到专业体检机构进行健康咨询，以便员工及时调理自己的身体。

◆ 商业健康保险

虽然每个公司都会为员工购买医疗保险，但是除了法律规定的医保外，很多企业还会为员工购买商业保险，包括员工人身保险和商业医疗保险福利。

◆ 健身俱乐部

除了体检和保险外，公司还可为员工提供健身俱乐部的付费会员资格，由管理人员选择离公司较近的健身机构，统一团购减少公司成本，让员工可以合理健身。

◆ 提供健康箱

在公司各部门内可以常备健康箱，准备一些常用药，如感冒药、创可贴和红药水等。员工如有需要可以自行取用，虽然福利很小，却也能给员工一个好印象，从而提升员工的幸福指数。

◆ 举办健康沙龙

可在企业内定期举办健康沙龙，邀请医生、营养师或健康管理师为员工宣讲健康生活的理念和知识，员工也可以进行咨询。

加油站

现在有很多公司、网站都在做员工福利管理，企业也可以将这一计划外包，交给专业人士去设计。

10.2.2 补充住房计划

补充住房计划是指企业根据自身的经营发展情况，除国家法定的住房公积金计划之外，自愿建立的用于解决员工住房问题的计划。这类计划通常表现为：补充性住房公积金、住房补贴、低息或无息住房贷款、利息补助计划、低价格的集体购房计划以及由公司提供公寓或宿舍等。

与住房公积金计划相比，补充性住房计划具有以下 4 个特点。

自愿安排。补充性住房计划是企业根据自身经营状况选择是否为员工提供这一福利，员工也可根据自己的实际需求自愿选择是否参加，如低息或无息的住房贷款、低价格的集体购房计划等。

多样性。补充性住房计划有多种，企业可以充分了解员工的意愿和需要进行选择，不同企业之间选择的差异性也较大。

自主性。补充性住房计划可能多多少少会受到国家政策的约束，但在其设计与管理上可体现企业的自主性和价值观念。

针对性。一个企业员工的需求不可能都一样，尤其是规模较大的企业，所以管理者要针对不同的受益群体设计不同的住房计划，如低息或无息住房贷款、利息补助计划通常是针对贷款购房员工的；而低价格的集体购房计划通常是针对希望购房的无房者。

一般来讲，经营状良好的企业如果选择给员工安排补充性住房计划，一定能吸引到更多优秀的人才，并留住企业的核心员工，降低员工的流动率。

10.2.3 教育培训计划

员工培训是指一定企业为开展业务及培育人才的需要，采用各种方式对员工进行有目的、有计划的培养和训练的管理活动，公开课、内训等均为常见的员工培训及企业培训形式。员工培训可分为员工技能培训和员工素质培训。

◆ 员工技能培训：是企业针对岗位需求，对员工进行的岗位能力培训。

◆ 员工素质培训：是对员工素质方面的要求，包括心理素质、工作态度和工作习惯等。

管理者要做好员工的教育培训，首先要做到以下几个步骤。

◆ 第一步，得到高层认可

只有企业的高层领导觉得员工培训是有必要的，管理者才能在企业内进行员工培训。管理者可在企业内进行一次短期的培训活动，凸显出培训的效果对企业是有益的，从而获得高层的认可。

◆ 第二步，让员工接受培训

对于企业突然推行培训计划，很多员工可能会有不理解的地方，企业要让员工明白，进行员工培训是一件双赢的事，员工能在培训中不断提升自己的工作能力，让自己更具竞争力，是一种免费的福利计划，还能为企业带来效益。

◆ 第三步，培训内容符合实际

根据企业的发展方向，进行全面、系统的培训需求调查，不仅要考虑企业的需求，也要考虑员工的需求，有针对性地选择培训课程，进而选择专业的培训机构和培训师。

另外如果员工想要外出深造，企业也要考虑给予员工外出深造的机会，比如出国学管理、异地学厨艺。

10.2.4 弹性福利计划

弹性福利计划是指企业在核定的人均年度福利预算范围内，提供可选的多种福利项目，提供给员工自主选择，由员工根据本人及其家庭成员的需要自主选择福利产品或产品组合的一种福利管理模式。弹性福利计划一般包括以下 4 种。

- ◆ 核心外加计划：即每个员工都可以享受的福利加上可以随意选择的福利项目。
- ◆ 标注组建计划：即企业推出多种固定的"福利组合"，员工只能挑选其一。
- ◆ 工资／薪水下调计划：员工可以选择降低其薪水来获得福利。
- ◆ 薪酬转换计划：员工可以通过放弃或降低其税前奖金的方式来获得福利。

管理者在设计弹性福利制度时，一定要注意以下几方面问题，以免造成员工的误解。

合理性。企业的福利水平对外要有竞争力，可参考同行业或同类型的其他企业；对内要符合企业的发展方向和经济实力，注意控制成本。

可管理。福利项目要切合实际，方便将来管理实施，同时设计一套完善的运行体制用以实施和监督。

容易理解。即管理者在设计各个福利项目时语言易理解，不会产生歧义。

可衡量。每项福利项目都是可以衡量价值的，这样方便每个员工在自己的限额内选择福利项目。

参与度高。即要求制度的设计包含企业和员工互动的渠道和规则。

餐饮企业通常会给员工提供一份列有各种福利项目的问卷，然后由员工依照自己的需求从中选择其需要的项目，组合成属于自己的一套福利"套餐"。当然，企业会根据员工的薪水、年资或家庭情况等因素来设定每一个员工所拥有的福利预算，同时福利清单的每项福利项目都会附一个金额，员工只能在自己的预算内购买喜欢的福利，如下例所示。

第四章 弹性福利点数的构成及计算方式

一、弹性福利点数构成

1. 薪资点数：个人月基本工资 ×10%

2. 职级点数

具体内容如表 10-3 所示。

表 10-3　企业员工的职次点数

职位	点数	职位	点数
技术人员（厨师）	200 点	服务员	50 点
主管级	300 点	经理级	500 点
总监 B 级	1000 点	总监 A 级	2000 点

二、弹性福利点数的计算

1. 计算原则

弹性福利点数均以上年度 12 月 31 日为基准来进行核算。

2. 计算方法

个人弹性福利总点数 =（薪资点数 + 职级点数）× 系数

入职满一年员工的系数为 1；入职满半年员工的系数为 0.5。

第四章 弹性福利项目及购买点数

暂定 1 点为 1 元。具体操作时，根据公司实际购买以下福利项目的支出来换算出各项福利的标价点数，如表 10-4 所示。

表 10-4　各类福利的点数

序号	弹性福利项目	点数	方式
1	家属商业医疗保险	1 500	公司统一团体购买，凭指定医院发票报销
2	洗衣卡	500	×× 洗衣卡
3	子女助学金	500	凭发票报销
4	旅游	1 000	凭发票报销

该餐饮企业就是根据个人工资和职级来确定员工的福利额度，再列出各项福利项目的预算额度，用点数的方式来衡量福利价值，是比较实用的一种方案。

10.3 员工福利的办理

除了制定和设计福利计划，管理者还需负责后续工作，对各项福利计划进行监督管理，为员工办理各项福利，如社保等。

10.3.1 餐饮企业员工福利管理流程

福利管理的工作内容说多不多，说少也不少，但只要管理者按照流程来管理，就不会有太大的问题。管理工作的流程大致为：福利计划宣传→处理员工福利申请→沟通→福利调整。

◆ 福利计划宣传

餐饮企业要想实施福利计划，可由相关人员制作一份《员工福利手册》，主要内容包括：企业福利的基本项目、类型、员工需达到的条件等。如下所示是某餐饮企业的《员工福利手册》。

一、基本福利类（法定的）

1. 法定假期：元旦、春节、清明节、国际劳动节、端午节、中秋节、国庆节等，详见《考勤与休假管理制度》。

2. 社会保险

公司按国家相关规定为所有员工购买社会保险，其中包括养老保险、医疗保险、工伤保险、失业保险、生育保险和住房公积金。公司社保缴交标准和比例按照公司相关规定执行，详见《社保公积金管理办法》。

二、员工关怀类

1. 除社保福利外，公司为部分特殊岗位的员工购买商业保险。

2. 节假日礼物

端午节粽子，中秋节月饼，三八妇女节女职员享受特殊精美礼物等，具体礼物以实际执行为准。

3. 礼金／慰问金

正式员工在职期间结婚享受公司新婚祝福贺仪，发放精美实用礼品或等值购物卡。

4. 健康体检关爱员工身体健康，公司每年提供一次员工免费体检机会。

◆ 处理员工福利申请

员工根据企业的福利手册和其他相关制度可向企业申请自己需要

的福利项目，填写《员工福利申请表》。管理者需要将表格汇总整理并审核，一是看企业是否有相关项目；二是看员工是否符合申请条件；三是员工应享受的福利范围或程度。

另外，管理者还需要注意的是如果员工的审核不过关，需要及时通知员工，并告知其被拒绝的理由，提醒员工该如何修改。

◆　沟通

餐饮企业设计福利计划目的是让员工看到企业的人性化制度，从而更好地为企业付出。如果员工没有及时享受到企业福利的好处，企业做再多也不会达到效果。

所以管理者需要与员工进行沟通，最好设计一套完善的福利沟通模式，目的有二：一是让员工清楚了解福利项目及待遇；二是让员工清楚公司每项福利项目的实际市场价值。除了福利手册，管理者还可通过以下一些方法进行沟通。

①定期进行福利报告，主要以部门或小组为单位。

②可设置福利问题咨询点或咨询热线。

③如有企业内网，可定期在网上发布福利信息。

◆　福利调整

对非法定福利来说，企业可根据实际经营情况和市场变化及同行业对比，及时做出调整。管理者主要需考虑以下问题。

①有关福利的法律规定，时时了解，以免违反国家法律法规。

②了解同行业竞争企业的福利计划，对比参照以取得竞争优势。

③市场环境变化，企业的福利计划也要变化，如商业保险公司涨价，企业要考虑成本问题进行调整。

10.3.2 办理社会保险登记

社会保险登记是指根据《社会保险费征缴暂行条例》第 2 条、第 3 条、第 29 条的规定应当缴纳社会保险费的单位，按照《社会保险登记管理暂行办法》规定的程序进行登记、领取社会保险登记证的行为，其登记手续如下。

（1）提供资料

缴费单位申请办理社会保险登记时，应填报《社会保险登记表》，并出示以下证件和材料。

- ◆ 企业持《企业法人营业执照》（副本）。
- ◆ 事业单位持《事业单位法人证书》（副本）。
- ◆ 社会团体持《社会团体法人登记证》（副本）。
- ◆ 国家机关持单位行政介绍信。
- ◆ 国家质量技术监督部门颁发的组织机构统一代码证书。
- ◆ 其他核准执业的证件。
- ◆ 外商投资企业还须持外经贸委签发的《中华人民共和国外商投资企业批准证书》。

（2）等待受理

市或区县社会保险经办机构对缴费单位填报的《社会保险登记表》和其提供的有关证件、材料即时受理，10 日内审核完毕；符合规定的，予以登记(《社会保险登记表》由市或区县社会保险经办机构留存备案），并发给《社会保险登记证》。

独立法人资格的缴费单位所属的若干非法人资格的缴费单位也须进行社会保险登记，具体的登记工作由上级主管单位全权办理。上级主管部门除按照规定填报《社会保险登记表》外，还须填报《所属缴费单位社会保险登记表》，经核审后，发给《社会保险登记证》。

🅿️加油站

市、区、县社会保险经办机构对已核发的《社会保险登记证》实行定期检验制度，每两年核验一次，未经核验，证件自行失效。《社会保险登记证》由市劳动保障行政部门统一印制。

10.3.3　福利的设计

对于餐饮企业的管理者来说，计划福利项目并不是一件简单的事，所以在设计时要考虑多方面的因素，如下所示的一些仅供参考。

◆　节日福利

福利的设计可分为法定福利和非法定福利，也可以分为一般福利和节日福利，区分平日与节假日，在节假日给予员工更多的福利，更能让员工感受到企业的人性化。

◆　公平性

其实无论餐饮企业设计何种制度，都要考虑公平性的因素，每个员工的薪资、职位和技能等各有不同，过度的一视同仁只会让人觉得自己的付出没有等价的兑换。

◆　企业成本

由于福利的设计多多少少会与企业成本挂钩，所以管理者在实际操作要注意企业的实际成本，尽量多与财务部门沟通，根据员工创造的价值和利润考虑福利的多少，不切实际的福利设计只会加重企业的负担。

◆ 福利选择权

一般来说，企业管理者在设计福利项目时，不会仅仅只设计一两种福利项目，可以设计多种可行的福利方案，供员工参考。也可以在方案成型前，用问卷的形式向员工收集想法，这样设计出的方案才会得到大多数员工的肯定。

◆ 企业文化

通常，很多企业都将企业福利看作是企业文化的一部分，比如延长休假意味着企业人性化的一面，组织旅游表示公司的自由度比较高。所以企业管理者应该从企业文化着手，延伸福利设计，一举两得。

10.3
员工福利常用制度与表单

表单 员工福利金申请表

表单 员工进修补助申请表

餐饮员工福利制度

一、福利制度的宗旨

1. 薪酬中工资之外，不属因工作必须而发给员工的钱物和享有的其他待遇，称为福利。实行福利制度，是对员工的一种关怀和激励。

2. 员工福利应随企业效益、积累以及员工对企业的责任、贡献等条件的变化而变动。

3. 随着企业的发展，公司将积极改善员工的生活福利，提高劳动者的各种福利待遇。

二、福利费的来源

按财务制度规定，以员工工资总额的14%提取福利基金，用于员工的福利开支。

三、福利项目

1. 公寓和住房补助

（1）公司统一租用公寓，为全体员工提供住宿和洗浴条件。关于住宿安排条件和程序、住宿管理等，按《员工公寓管理制度》及其他有关制度执行。

（2）除总经理特批的之外，员工申请住房补助，必须同时符合以下条件。

①公司正式录用、工作3个月以上，且年满22周岁以上或虽不满22周岁但已婚的员工。

②夫妻双方都在本公司工作。

③不占用公寓床位、已在外租房居住的员工。

（3）住房补助的标准

①店经理每月1000元/人；

②厨房主管每月500元/人；

③服务部经理每月300元/人；

④各部门主管级员工每月300元/人；

⑤其他员工每月100元/人。

2. 通讯津贴

（1）店经理：500元/月

（2）厨房主管、采购主管：300元/月

（3）服务部经理：300元/月

（4）行政经理：200元/月

3. 员工餐和伙食补助

（1）凡本公司员工，每人每月享受150元伙食补助。伙食补助随工资发放。需要扣发伙食补助的，按有关规定执行。

（2）酒楼为员工提供午、晚二餐饭菜：午餐每份3元、晚餐每份1.5元。

4. 带薪年休假

在本公司连续工作满一年的员工，可享受12天（含周日）带薪年休假。

年休假必须一次性享受，不可分开零星请假。关于年休假的详细条件、请假手续、假期待遇等，按酒楼《考勤及请假管理制度》执行。

5. 其他福利

（1）公司设"医药箱"，常备一些非处方药品，免费为员工

模板 餐饮员工福利制度